Integrated Korean
Workbook
Intermediate 1

Carol Schulz

KLEAR Textbooks in Korean Language

This textbook series has been developed by the Korean Language Education and
Research Center (KLEAR) with the support of the Korea Foundation.

ISBN-13: 978-0-8248-2420-4
ISBN-10: 0-8248-2420-2

Camera-ready copy has been provided by the authors.

University of Hawai'i Press books are printed on acid-free paper
and meet the guidelines for permanence and durability of the Council
on Library Resources.

Printed by Thomson-Shore, Inc.

Photo Credit
Hello from Korea, p. 81, Korean Overseas Information Service, 1994—p. 70

www.uhpress.hawaii.edu

CONTENTS

INTRODUCTION

Volumes 1 and 2 of this workbook accompany volumes 1 and 2 of *Integrated Korean,* Intermediate, respectively. Volume 1 is composed of activities accompanying lessons 1 through 7, while the activities in volume 2 cover lessons 8 through 15.

Each lesson is divided into five sections: grammar, speaking, listening comprehension, reading, and writing. The grammar exercises are designed to reinforce students' knowledge of grammatical patterns learned in the related lesson of the textbook and to demonstrate their practical use.

The speaking activities are aimed to help students improve their speaking and listening skills through guided exercises and role plays. Students should work in pairs or in a group and should make sure that they understand the context of each activity. The contexts are designed specifically to incorporate the grammar and vocabulary of the respective lesson. Students are strongly urged to use only Korean as much as possible, since the goal is to communicate smoothly in Korean in real-life situations.

The listening comprehension activities help reinforce, with a variety of listening practices, what students have learned from the textbook. Because the Korean on the CD (and the Internet) has been made as natural as possible, there may be expressions that are difficult to understand. In attempting to answer the questions, students should not hesitate to listen as many times as necessary.

The reading activities consist of both short and long passages using the vocabulary and grammar learned to date. They also introduce some useful new words. These passages are followed by a variety of questions not only to check reading comprehension but also to stimulate enjoyment in reading.

The writing activities contain not only sentences and paragraphs, but also abundant creative writing assignments, especially in later lessons. Error correction and translation practice are occasionally included as writing activities.

제1과 날씨와 계절 (Lesson 1: Weather and Seasons)

Grammar

> **G1.1 Change of state: A.S.~어/아 지다 'become, get to be'**

A. Answer the following questions by translating the words in parentheses to indicate change of state. (뜻 'meaning')

1. A: 요즘 보스톤 날씨가 어때요?

   B: 지난 주부터 계속 덥던 날씨가 오늘부터 좀

   _____(to be cool).

2. A: 대학 생활이 어때요?

   B: 처음에 대학에 왔을 때는 힘들었는데 이번 학기에는 좀

   _____(to be easy).

3. A: 학교 식당 음식은 어때요?

   B: 전에는 음식이 맛이 없었는데 요즘에는 햄버거도 맛있고,
   피자도 맛있고, 샐러드도 좋아서 식당으로 식사하러 오는
   학생들이 _____(to be many).

4. A: 요즘 한국어 공부하기가 어때요?

   B: 작년에 처음 배우기 시작했을 때는 시간도 많이 걸리고
   아주 어려웠는데 요즘은 좀 _____(to be
   easy) 더 _____(to be interesting). 이제는
   문장을 읽으면 바로 그 뜻을 알 수 있어요.

5. A: 보통 공부는 어디서 하세요?

   B: 보통은 도서관에서도 하고 기숙사에서도 하는데 시험 때는
   도서관이 아주 _____(to be crowded, and so)
   기숙사에서 공부해요.

6. A: 이번 학기에는 몇 과목이나 들으세요?

B: 다섯 과목을 들어요.

그래서 아주 _____(to be busy).

7. A: 이번 여름 방학에는 뭐 하세요?

B: 수업을 하나 듣기로 했어요. 그래서 여름 방학이

_____(to be short).

G1.2   The sentence ending ~잖아요 'you know'

B.   Complete the dialogue using ~잖아요.

1. A: 컴퓨터 사셨어요?

B: 아뇨, 요즘은 기다리면 점점 컴퓨터가 _____

_____(싸다 and 좋아지다). 그래서 아직 안 샀어요.

A: 좀 더 기다려서 세일기간에 사면 더 좋겠네요.

B: 그렇죠, 그런데 세일기간이 언제지요?

A: 2주일만 있으면 _____(하다).

B: 아, 그래요? 그럼 그 때 사는 게 좋겠네요.

2. A: 여행 어디로 가시기로 정하셨어요?

B: 아직 모르겠어요.

A: 하와이가 _____(좋다).

B: 하와이는 좋은데 너무 _____(멀다).

가까운 데로 갔으면 좋겠어요.

G1.3   The noun-modifying form ~던 (retrospective)

C.   Complete the sentences with an appropriate noun-modifying form (~던 or ~(으)ㄴ) using the vocabulary given (그치다 'to stop').

살다, 오다, 춥다, 작다, 크다, 입다, 듣다, 재미있다, 계속되다

1. 이 식당은 내가 작년에 자주 _____ 식당이에요.
2. 어제까지 _____ 날씨가 오늘부터 따뜻해졌어요.
3. 이렇게 _____ 날씨가 언제 따뜻해질까요?
4. 어렸을 때 키가 _____ 스티브가 지금은 키가 커졌어요.
5. 우리 집에는 방이 세 개 있는데 _____ 방은 내가 쓰고,
   _____ 방은 우리 언니가 써요.
6. 이 집이 내가 어렸을 때 _____ 집이에요.
7. 영희는 언니가 작년에 _____ 옷을 좋아해요.
8. 언니가 _____ 옷이 아주 예쁘게 보이네요.
9. 작년에 _____ 과목 중에서 제일 _____ 것은 무슨
   과목이었어요?
10. 며칠째 _____ 비가 그쳤어요.

G1.4 V.S.~(으)ㄴ 다음에/후에 'after doing (something)'

D. Use the words given to make up sentences describing the sequence of actions.

1. 오늘 오후에는 뭐해요?
   수업을 끝내다 → 자전거를 한 시간 타다

   _____

2. 언제 일하러 가세요?
   점심을 먹다 → 일하러 가다

   _____

3. 저녁에 집에 돌아오면 보통 뭐 해요?
    먼저 신문을 읽다 → 저녁을 먹다

    _____

4. 숙제는 언제 해요?
    이따가요. 내가 좋아하는 음악을 듣다 → 숙제하다

    _____

5. 비디오 볼래요?
    먼저 책을 읽다 → 비디오를 보다

    _____

6. 지금 집에 같이 갈래요?
    도서관에서 책을 빌리다 → 집에 가다

    _____

G1.5 Expressing a speaker's wish: ~(으)면 좋겠다

E.   Answer the questions using ~(으)면 좋겠다.

1. 시간이 많이 있으면 뭐 하고 싶으세요?
    _____

2. 겨울 방학을 하면 뭘 했으면 좋겠어요?
    _____

3. 한국어를 배운 다음에 한국에 가면 뭐 하고 싶으세요?
    _____

4. 대학을 졸업하면 뭐 하고 싶으세요?
    _____

5. 요즘도 매일 운동하세요?
    _____

G1.6 The sentence ending ～겠습니다 (announcement)

F. Using the given words, complete the sentences below. Use the sentence endings appropriate for announcements.

말씀을 드리다, 늦다, 전해 드리다, 시작하다

1. 안내의 _____. 어젯밤에 계속 내린 눈으로 오늘 아침 필라델피아에서 오는 기차가 45분 _____.

2. 9시 저녁 뉴스를 _____. 오늘의 특별 뉴스는 내일 오전 10시부터 한국 퍼레이드가 브로드웨이 34가에서 _____. 여러분 많이 나오셔서 구경하시기 바랍니다.

Speaking

Talking about the weather

A. Compare yesterday's weather and today's weather, reporting to the class as shown below. Use the forecasts for ten U.S. cities that follow the example to prepare your reports.

보기:	도시	어제 날씨	오늘 날씨

보기: <u>도시</u>   <u>어제 날씨</u>   <u>오늘 날씨</u>

Albany   70 ° rainy   57 ° clear

A: 어제 알바니 날씨는 어땠습니까?

B: 비가 왔어요. 그리고 기온은 화씨 70도였어요.

A: 오늘은요?

B: 오늘은 맑고 기온은 화씨 57도예요.

Report: 어제 비가 오던 날씨가 오늘은 맑**아졌어요.**
        그리고 기온은 어제보다 오늘이 낮**아졌어요.**

도시	어제 날씨	오늘 날씨
1. Boston	54 ° cloudy	57 ° clear
2. Denver	46 ° clear	54 ° cloudy
3. Los Angeles	64 ° rainy	72 ° cloudy

도시	어제 날씨	오늘 날씨
4. New York City	27 °　snowy	28 °　clear
5. Honolulu	82 °　windy and fair	74 °　partly cloudy
6. Philadelphia	61 °　partly cloudy	72 °　clear
7. Indianapolis	29 °　cold	48 °　warm
8. San Francisco	55 °　rainy	39 °　cold
9. San Diego	92 °　hot	49 °　cool
10. Washington, D.C.	26 °　cold	50 °　warm

1. A: _____

   B: _____

   A: _____

   B: _____

   Report: _____

   _____

2. A: _____

    B: _____

    A: _____

    B: _____

    Report: _____

    _____

3. A: _____

    B: _____

    A: _____

    B: _____

    Report: _____

    _____

4. A: _____

    B: _____

    A: _____

    B: _____

    Report: _____

    _____

5. A: _____

    B: _____

    A: _____

    B: _____

    Report: _____

    _____

6. A: _____

    B: _____

    A: _____

    B: _____

    Report: _____

    _____

7. A: _____

   B: _____

   A: _____

   B: _____

   Report: _____

   _____

8. A: _____

   B: _____

   A: _____

   B: _____

   Report: _____

   _____

9. A: _____

   B: _____

   A: _____

   B: _____

   Report: _____

   _____

10. A: _____

    B: _____

    A: _____

    B: _____

    Report: _____

    _____

B. Form small groups and talk about the weather in Korean cities. Practice the example. Report to the class using ~던 and ~어/아 지다.

보기: A: 어제 서울 날씨는 어땠습니까?

        B: 맑았어요. 그리고 기온은 섭씨 32도였어요.

        C: 오늘 서울 날씨는 어떻습니까?

        D: 흐렸어요. 그리고 기온은 섭씨 30도였어요.

        Report: 어제 맑던 날씨가 오늘은 흐려졌어요.

              그리고 기온은 32도에서 30도로 낮아졌어요.

도시	어제 날씨 (섭씨)	오늘 날씨 (섭씨)
1. 서울	32° clear	30° cloudy
2. 대전	31° cloudy	33° clear
3. 대구	34° hot	29° warm
4. 경주	28° rainy	29° clear
5. 부산	30° warm	32° rainy
6. 제주도	29° windy and cloudy	30° not windy, clear

1. A: _____

   B: _____

   C: _____

   D: _____

   Report: _____

   _____

2. A: _____

   B: _____

   C: _____

   D: _____

   Report: _____

   _____

3. A: _____

   B: _____

   C: _____

   D: _____

   Report: _____

   _____

4. A: _____

   B: _____

   C: _____

   D: _____

   Report: _____

   _____

5. A: _____

   B: _____

   C: _____

   D: _____

   Report: _____

   _____

6. Answer the questions based on the weather chart for Korea.

   a. 제일 추운 곳은 어디입니까?

       _____

   b. 제일 따뜻한 곳은 어디입니까?

       _____

   c. 제일 기온이 낮은 곳은 어디입니까?

       _____

   d. 제일 기온이 높은 곳은 어디입니까?

       _____

C. Look at the chart and answer the questions using ~어/아지다.
(없어지다 'to disappear')

Item	작년	금년
자동차 값 (car price)	$18,000	$23,500
학생 수 (number of students)	1,600명	1,650명
학비 (tuition)	$21,000	$22,700
컴퓨터 (computer)	$2,350	$1,790 also quality is better
용돈 (spending money)	$230	none left

1. A: 작년에는 자동차 값이 얼마였어요?
    B: _____
    A: 금년에는요?
    B: _____

2. A: 작년에는 대학에 들어온 학생 수가 어떻게 됩니까?
    B: _____
    A: 금년에는요?
    B: _____

3. A: 작년 대학 학비가 얼마였어요?

    B: _____

    A: 올해는요?

    B: _____

4. A: 작년에는 컴퓨터가 얼마했어요?

    B: _____

    A: 금년에는요?

    B: _____

5. A: 보통 용돈은 한 달에 얼마 쓰세요?

    B: _____

    그런데 벌써 _____

D. Work with your partner to make up mini-dialogues using the following words. Show change of state with ~어/아지다.

> 보기: A: 요새는 낮이 길어요? 밤이 길어요?
> B: 낮이 길어요. 지난 달부터 낮이 길어졌어요.

1. 짧다 길다	2. 많다 적다	3. 작다 크다
4. 좁다 넓다	5. 좋다 나쁘다	6. 바쁘다
7. 어렵다 쉽다	8. 멀다 가깝다	9. 피곤하다
10. 건강이 나쁘다 건강하다	11. 같다 다르다	12. 깨끗하다 더럽다
13. 늦다 빠르다	14. 맛있다 맛없다	15. 시간이 많다 시간이 없다
16. 복잡하다	17. 힘들다	

1. A: _____
   B: _____
2. A: _____
   B: _____
3. A: _____
   B: _____
4. A: _____
   B: _____
5. A: _____
   B: _____

E. Describe any changes that have taken place in your school using ~어/아 지다.

1. _____
2. _____
3. _____

F. Describe any changes that have taken place in your town or country using ~어/아 지다.

1. _____
2. _____
3. _____

Sequence of events

G. Based on Susan's schedule for Tuesday, create a mini-dialogue with your partner. Use temporal expressions like ~기 전에 'before' or ~(으)ㄴ 다음에/후에 or ~고 나서 'after'.

보기: A: 수잔은 제임스와 점심을 먹은 다음에 뭐해요?

B: 1시40분부터 3시까지 학교 서점에서 일해요.

Susan's schedule for Tuesday (약속 'appointment')

7:30–9:00	샤워하고 아침
9:00–12:00	수업
12:00–1:30	제임스와 점심 약속
1:40–3:00	학교 서점에서 일
3:00–4:15	경제학 수업
4:30–5:30	운동
6:00–7:00	기숙사에서 저녁 식사
7:00–9:00	숙제
9:00–9:30	전화
10:15–11:00	텔레비전

1. A: _____

B: _____

2. A: _____

B: _____

3. A: _____

B: _____

4. A: _____

B: _____

H. Exchange questions and answers with your partner based on your own information.

1. A: 한국어 수업에 오기 전에 보통 뭐 하세요?

B: _____

2. A: 한국어 수업이 끝난 다음에 보통 뭐 하세요?

    B: _____

3. A: 졸업한 다음에 뭐하고 싶으세요?

    B: _____

Comparing

I.   Small group activity

1.   Bring a newspaper advertisement for cars for sale or lease
     and compare the prices of different cars in Korean using
     N보다 (더).

2.   Make a statement about things or features pertaining to
     yourself using 내가 우리 반에서 제일 (키가 커요). Other
     classmates may challenge you by saying 내가 더 (키가 커요).
     (Students may compare items or features in front of the class.)

3.   Interview (유명한 'famous')

     a. 제일 좋아하는 음식과 싫어하는 음식이 뭐예요?

     _____

     b. 돈이 많으면 제일 하고 싶은 일이 뭐예요?

     _____

     c. 제일 가고 싶은 곳이 어디예요?

     _____

     d. (유명한 사람 중에서) 제일 만나고 싶은 사람이 누구예요?

     _____

Recalling the past

J.   Bring pictures of movie stars, singers or athletes, or belongings
     or books that you used to like, and also those you like now.
     Then report to the class using the following format.

보기:　(Showing a picture of a movie star that you liked five years ago)
이 사람은 내가 5년 전에 <u>좋아하던</u> 영화 배우예요.
(Showing a picture of another movie star that you like now)
이 사람은 내가 지금 <u>좋아하는</u> 영화 배우예요.

K. Imagine that it is ten years from now. You are visiting your school campus with your spouse during homecoming week. Stop by four places on campus that you used to frequent. Describe the places using ～던 as shown in the example.

보기:　_____(name of your school library)은/는
내가 10년 전에 자주 가던 도서관이에요.

1. _____
2. _____
3. _____
4. _____

Seeking agreement

L. With your partner, practice using ～(었/았)잖아요 as in the example.

보기:　(Speakers A and B are friends of Mark. Speaker A just heard that Mark got an A in his Korean class. Speaker B comments, saying, "As you know, Mark studies hard.")
A: 마크 씨가 한국어 수업에서 A를 받았어요.
B: <u>열심히 공부하잖아요.</u> (열심히 공부해요)

1. A: 어디 가세요?

   B: 바닷가에 놀러 가요. _____(날씨가 더워요).

2. A: 요즘 어떻게 지내세요?

   B: 좀 바빠요. _____(한국어 숙제가 많아요).

3. A: 샌디 씨 어디 갔어요?

   B: 샌디 씨요? _____(도서관에 갔어요).

4. A: 이 야구 모자 백화점에서 샀어요?

   B: 아뇨, 시장에서 샀어요. _____(백화점은 비싸요).

Making an announcement with ~겠습니다

M. Imagine you are the president of the Korean Student Association. Announce an upcoming event. Please state the purpose, date, time, place, and so on. Be creative.

Expressing possibility and capability with ~(으)ㄹ 수 있다/없다, and ~(으)ㄹ 줄 알다/모르다

N. One of you is looking for a part-time job. Tell your partner, who is pretending to interview you, what you are skillful at and what you can or cannot do.

Listening Comprehension

A. First repeat after each phrase, paying attention to the contrast between each pair of phrases. Then circle the phrase you hear. (뛰다 'to run', 나아지다 'to get better')

1. 추워지잖아요.   추워지지 않아요.
2. 얼마동안 있을 거예요?   얼마동안 쓸 거예요?
3. 7월 30일에 돌아와요.   7월 31일에 돌아와요.
4. 계속되겠습니다.   계속 뛰겠습니다.
5. 맑겠습니다.   많겠습니다.
6. 낮아졌어요.   나아졌어요.
7. 낮부터   나부터
8. 같이 갈래요.   같이 갈게요.

B. Listen to weather reports for five U.S. cities. Fill in the blank with the name of the city each report refers to. (Choices: New York, Chicago, Los Angeles, Honolulu, Miami)

1. _____ clear and cold.
2. _____ hot and windy.
3. _____ cloudy, but no rain.
4. _____ getting warmer.
5. _____ rain at night.
6. _____ getting very cold and windy.
7. _____ periods of rain in the afternoon.

C. Listen as Mark tells Minji about his summer vacation. Then mark each statement true (T) or false (F).

1. _____ Mark went to Seoul directly.
2. _____ The weather in Seoul was cool, and there was no rain in June.
3. _____ Mark did not go to Hawaii because his summer school started right away.
4. _____ Mark heard that the weather in Hawaii was hot all the time.

D. Listen to the weather forecast and fill in the blanks.

안녕하십니까? 오늘 날씨를 _____ 드리겠습니다.

_____ 에는 _____이 많이 끼고 비가

오겠지만 _____부터는 따뜻하고 맑아지겠습니다.

오늘 아침 _____은 섭씨 _____도, 낮

기온은 _____도가 되겠습니다. 내일은 낮부터

_____ 비가 오기 시작하겠습니다. 서울은

_____까지 계속 비가 오고 찬 _____이

불겠습니다. 내일 아침 기온은 오늘보다 낮아집니다.

_____ 조심하십시오.

Reading

A. Read the selections and choose the correct answers.

영희는 이번 주말에 친구들과 약속이 있습니다. 날씨가 좋으면 등산을 가고 비가 오면 영화를 보고 나서 같이 저녁을 먹기로 했습니다. 영희는 등산 가는 것을 좋아합니다. 그래서 따뜻하고 맑은 날씨를 기다립니다. 금요일 저녁 뉴스를 보고 나서 친구들과 다시 약속을 할까 합니다.

1. What are 영희's plans for the weekend?
   a. to play tennis with friends
   b. to watch TV news with friends
   c. to go to the mountains
   d. to see a movie after dinner
2. What kind of weather does she prefer for this weekend?
   a. clear and cool
   b. cloudy and warm
   c. clear and warm
   d. sunny and hot

B. (날씨)

안녕하십니까? 오늘의 날씨를 전해 드리겠습니다. 아침에는 따뜻하고 맑겠지만 저녁부터 흐려져서 밤 늦게부터 비가 오기 시작하겠습니다. 오늘 아침 기온은 섭씨 10도, 낮 기온은 15도가 되겠습니다. 내일은 오후부터 맑아져서 주말까지 좋은 날씨가 계속되겠습니다. 내일 아침 기온은 오늘보다 더 높아지고, 바람이 많이 불겠습니다.

Choose true (T), false (F), or unknown (U).

1. It is going to be cloudy this morning. _____

2. It will clear up from tomorrow afternoon. _____

3. Tomorrow will be colder than today. _____

C. Read the paragraph and mark the statements that follow T or F. (대체로 'on the whole', 뚜렷하다 'to be distinct', 차이 'difference', 가장 'the most', 온대성 기후 'temperate zone', -에 속하다 'to belong to', 지역 'region')

한국의 기후는 온대성 기후에 속하여 봄, 여름, 가을, 겨울의 사계절이 뚜렷합니다. 대체로 봄은 따뜻하고, 여름은 무덥고 비가 많이 옵니다. 일년의 70% 정도의 비가 여름에 옵니다. 가을은 시원하고 짧습니다. 그리고 겨울은 춥고 봄과 가을에는 맑은 날이 많습니다. 그리고 1년에서 가장 더운 달은 8월이고 가장 추운 달은 1월달입니다. 장마는 지역에 따라 큰 차이가 있지만, 대체로 6월 말에 남쪽 지방부터 시작해서 중부지방으로 올라옵니다. 장마 기간은 30일 정도가 됩니다.

1. 한국의 기후는 사계절이 뚜렷합니다. _____

2. 여름에는 비가 많이 오고 덥습니다. _____

3. 봄과 여름에는 맑은 날이 많다. _____

4. 장마는 지역의 차이가 없다. _____

5. 겨울은 짧고 눈이 많이 옵니다. _____

Writing

A. Complete the dialogue using the expressions given.

저런, 그랬어요?
그럼
아, 그래요?
네, 그런데요.

1. A: 어젯밤에는 더운물이 안 나와서 샤워를 못 했어요.
   B: _____

2. A: 오늘 점심 같이 할래요?
   B: 같이 먹고 싶지만 다른 약속이 있어요.
   A: _____ 다음에 같이 하죠.

3. A: 거기 뉴욕이지요?
   B: _____

4. A: 저 내일 한국에 가요.
   B: _____ 좋겠네요.

B. Fill in the tables with appropriate noun-modifying forms.

Verb	~(으)ㄴ	~는	~(으)ㄹ	~던
가르치다				
가다				
읽다				
살다				

Verb	~(으)ㄴ	~는	~(으)ㄹ	~던
좋아하다				
먹다				
듣다				

Adjective	~(으)ㄴ	~는	~(으)ㄹ	~던
춥다				
따뜻하다				
비싸다				
바쁘다				
쉽다				
작다				

C. Fill in the blanks with appropriate noun-modifying forms.

1. 이 식당은 내가 작년에 자주 _____ 식당이에요.
2. 십년 전까지 _____ 비디오가 지금은 아주 싸졌어요.
3. 이 집은 내가 어렸을 때 _____ 집이에요.
4. 이게 지금 내가 _____ 책이에요.
5. 마크 씨가 어제 _____ 식당은 싸고 맛있었어요.
6. 내년에 한국어를 _____ 선생님이 누구예요?
7. 어제까지 _____ 날씨가 갑자기 오늘부터 따뜻해졌어요.
8. 내가 좋아하는 음악을 _____ 다음에 잤어요.

D. Fill in the blanks.

Dictionary form	~어요/ 아요	~(으)ㄹ 거예요	~(으)면	~어서/ 아서	~(으)ㄴ데/ 는데
끝나다					끝나는데
스키타다					
여행하다					
시작되다					
놀다					노는데
짧다					
길다					
가깝다					가까운데
멀다					
들어가다					
돈을 내다					
듣다					
춥다					

E. Choose an appropriate expression for each blank. (설명하다 'to explain', 인턴쉽 'internship')

> 피곤하겠어요, 좋겠어요, 힘들겠어요, 배고프겠어요, 모르겠어요

1. A: 점심 식사했어요?

   B: 아뇨, 시간이 없어서 아직 못 먹었어요.

   A: _____

2. A: 이번 학기 여섯 과목이나 들어요.

   B: 그래요?

   　　저는 네 과목밖에 안 듣는데, _____

3. A: 시험 때문에 어제 세 시간밖에 못 잤어요.

   B: _____

4. A: 이번 여름 제가 일하고 싶던 회사에서 인턴쉽을 받았어요.

   B: _____

5. A: 알겠어요?

   B: 아뇨. 잘 _____

   　　다시 한번 설명해 주세요.

F. Write three wishes, using ~었/았으면 좋겠어요.

1. _____
2. _____
3. _____

G. Using the conditional form ~(으)면, explain the reasons for the three wishes you wrote in **F**.

> 보기: (Wish)　한국어를 잘 말했으면 좋겠어요.
> 　　　 (Reason) 한국어를 잘 말하면 할머니하고 한국어로
> 　　　　　　　 이야기할 수 있어요.

1. _____
2. _____
3. _____

H. Translate using ~(으)ㄹ 수 있어요?

1. Can you eat spicy food?
2. Can you order in Korean at a Korean restaurant?
3. Can you sing a song in Korean? (노래를 부르다 'to sing a song')
4. Can you do (your) homework by yourself?
5. What time can you come to school tomorrow?
6. Can you study while watching TV?
7. Can you drive while eating?
8. Can you sleep in a noisy place? (시끄러운 데 'noisy place')

I. 어떤 날씨를 좋아하세요? 그 이유가 뭐예요? Answer in Korean. (이유 'reason')

_____

_____

_____

J. 비가 많이 오는 날 뭐 하는 걸 좋아하세요?

_____

_____

_____

K. Read the following chart and make sentences using the comparative (~보다) or the superlative (제일).

이름	Wake-up time	Bedtime
린다	6:10 A.M.	11:00 P.M.
샌디	7:30 A.M.	11:20 P.M.
마이클	8:20 A.M.	10:50 P.M.

> 보기: 린다가 마이클보다 더 일찍 일어나요.
>   샌디가 제일 늦게 자요.

1. _____
2. _____
3. _____
4. _____

L. Express personal preferences, including reasons for them.

> 보기: 내가 제일 좋아하는 선생님은 이민수 선생님이에요.
>   이민수 선생님은 친절하시고 수업을 아주 재미있게
>   가르쳐 주세요.

1. 내가 제일 좋아하는 운동 _____

_____

2. 내가 제일 좋아하는 차 _____

_____

3. 내가 제일 살고 싶은 도시 (town) _____

_____

4. 내가 제일 좋아하는 수업 _____

_____

M. Pretend that you have a pen pal in Korea and she or he plans to visit you in the summer. He/She would like to know the weather and tourist attractions in your town. On the next page write a letter to your pen pal with the information.

제2과 옷과 유행 (Lesson 2: Clothing and Fashion)

Grammar

G2.1 V.S.~(으)려고 'intending to'; V.S.~(으)려고 하다
'intend to'

A. Fill in the blanks using ~(으)려고 (하다). (준비하다 'to prepare')

1. A: 하와이에 이렇게 오래간만에 오셨는데 벌써 가세요?
   B: 뉴욕 학교에 일이 있어서 일찍

   _____ (intending to return) 내일
   떠나기로 했어요.

2. A: 선생님, 뭘 이렇게 열심히 하고 계세요?
   B: 학생들한테 잘 _____ (intending to teach
   [for them]) 준비하고 있어요.

3. A: 스티브 씨, 9시 반인데 벌써 _____ (going
   to go to bed)?
   B: 네, 내일 시험이 있어서요.
   저는 시험 전에는 많이 자야 돼요.

4. A: 오늘 새로 열린 한국 미술관에 _____ (intend
   to go) 같이 안 갈래요?
   B: 가고 싶은데 저는 오늘 오후에 다른 약속이 있어요.

5. A: 날씨가 추워져서 옷을 하나 _____ (is going
   to buy) 옷가게에 가는데 안 가실래요?
   B: 저는 세일 때 _____ (is going to go)
   기다리고 있었는데, 지금 세일해요?

G2.2   V.S.~기(가) 쉽다/어렵다   'it is easy/difficult to . . .'

B.   Complete the sentences using ～기(가) 쉽다/어렵다.

> 보기: 새 단어가 많아서 숙제하기가 힘들어요 (= 어려워요).
>
> Because there are so many new vocabulary words, it is difficult
> to do the homework.

1. 날씨가 더워서 _____

2. 요새 너무 바빠서 _____

3. 우리 선생님이 수업을 재미있게 가르쳐 주셔서 _____

    _____

4. 저는 키가 크기 때문에 _____

5. 아침에 늦게 일어나서 _____

6. 한국 음식이 매워서 _____

G2.3   Permission and prohibition: V.S.~어도/아도 되다; V.S.~(으)면 안 되다

C.   Complete the sentences using V.S.~어도/아도 되다.

1. A: 다리가 아픈데 여기 좀 _____ (may
    I sit down)?

    B: 그럼요.

2. (쇼핑가서)

    A: 이 옷이 괜찮은 것 같은데 _____
    (may I try it on)?

    B: 네, 그럼요.

3. A: 선생님, 오늘 시험이 있는 줄 몰랐는데

_____ (Is it all right not

to take the exam today)?

B: 안 돼요.

4. A: 선생님, 어제 너무 바빠서 숙제를 다 못 했는데

_____ (Is it all right to

hand it in tomorrow)?

B: 아, 그래요? 그럼 내일까지 꼭 가지고 와요.

5. A: 일이 많이 밀렸는데 이것을 먼저 해주시겠어요?

B: 아, 어제 하던 일을 다 못 끝냈는데 그 일을 먼저

_____ (May I

finish [that work] first)?

D. Following are things one should not do. Translate into Korean

using ~(으)면 안 되다. (속도제한 'speed limit', 공사중 'under

construction')

1. 기차나 버스 안에서 _____

   one should not smoke

2. 1시간에 55마일보다 _____

   one should not drive faster (than 55 miles per hour)

3. 운전할 때는 _____

   one should not drink alcohol

4. 도서관에서 _____

   one should not eat any food

5. 공사중이기 때문에 이 길로 _____

   one should not cross (by this road)

G2.4 N₁말고 N₂ 'not N₁ but N₂'

E. Choose one option over the other using N₁말고 N₂.

1. 내일, 모레

   _____ (the day after

   tomorrow, not tomorrow) 오세요.

2. 화요일, 금요일

   랩에 _____ (Friday, not Tuesday)에 가는 것이

   좋아요. 다른 날은 학생들이 많아요.

3. 커피, 주스

   _____ (juice, not coffee)를 드세요.

4. 공부만 하다, 운동하다

   피곤하시지요? _____

   _____ (Please exercise one hour a day, don't just study)

5. 콘택트렌즈를 끼다, 안경을 쓰다

   눈이 아프세요? 그럼 _____

   _____ (wear glasses, not contact lenses)

G2.5 ~(으)ㄴ/는/(으)ㄹ 것 같다 'it seems/looks like'

F. Complete the following sentences with the given expressions,
using ~(으)ㄴ/는/(으)ㄹ 것 같다.

1. 오늘이 어제보다 더 _____

   it seems that (today) is hotter (than yesterday)

2. 내일 _____

   it seems that it is going to rain (tomorrow)

3. 민지가 숙제를 벌써 _____
it looks like (Minji) has done (her homework)

4. 어제 시험은 _____
it seemed that (the test we took yesterday) was easy

5. 마이클이 이번 여름에 서울에 _____
it looks like (Michael) is going
to go (to Seoul this summer)

G2.6 The particle (으)로

G. Fill in the blanks with appropriate particles.

1. 96가_____ 1번 지하철_____ 바꿔타세요.

2. 이 신발_____ 좀 작은데요. 큰 것_____ 바꿀 수 있어요?

3. 친구 생일이라서 선물_____ 사야 되는데, 10불밖에 없는데
   10불_____ 뭘 사지요?

4. 그 은행_____ 브로드웨이 왼쪽_____ 가시면 보입니다.

5. 선생님, 한국어 시간_____ 한국말_____만 해야 됩니까?
   모르면 영어_____ 해도 돼요?

Speaking

Expressing intention with ~(으)려고 하다

A. Work with your partner to make up dialogues, as in the example.

> 보기: Q: 왜 약국에 갔어요?
> A: 감기약 사려고 갔어요.

1. Q: _____
   A: _____

2. Q: _____
   A: _____

3. Q: _____
   A: _____

4. Q: _____
   A: _____

5. Q: _____
   A: _____

Making plans

B. Students are scheduled to preregister for courses next week. Find out what your friend is going to take, how many courses, and why.

A: _____

B: _____

A: _____

B: _____

A: _____

B: _____

C. A friend who has never been to Korea is planning to go there next summer. Ask your friend as many questions as you can come up with about his/her reason for going to Korea, length of stay, planned visits to famous places, and so on.

A: _____

B: _____

A: _____

B: _____

A: _____

B: _____

A: _____

B: _____

A: _____

B: _____

Requesting, granting, and denying/refusing permission with ~어도/아도 되다 and ~(으)면 안 되다

D. You need to make a call, but you can't find a public phone. Ask your teacher (partner) if you can use the phone in his/her office.

Student: 선생님, _____?

Teacher: 아, 지금 그 전화가 안 되는데요.

　　　　　급한 전화예요?

Student: 네, _____

Teacher: _____

E. The classroom is very hot and crowded. Ask another student if it is all right to open the windows.

A: 교실이 더운데 _____?

B: _____ 말고 에어컨을 켜지요.

A: _____

B: _____

F. For each of the situations below refuse permission. Give your reason for doing so.

> 보기: (도서관에서)
>
> 　　A: 여기서 커피를 마셔도 돼요?
>
> 　　B: 죄송합니다만 도서관에서는 커피를 마시면 안 되기
> 　　　　때문에 밖에 나가서 드세요.

1. (가게 앞에서)

　　A: 이 가게 앞에 차를 세워도 좋습니까?

　　B: _____

2. (한국 미술관에서)

　　A: 한국 미술관 안에서 사진을 찍어도 괜찮습니까?

　　B: _____

3. (사무실에서)

　　A: 민지 씨, 오늘 밀린 일을 해 줄 수 있어요?

　　B: _____

4. (교수 연구실에서)
   A: 선생님, 오늘까지 내야 하는 숙제를 내일 내도 돼요?
   B: _____

G. Translate into Korean.

1. A: (to teacher) May I come to see you this afternoon?

   _____

   B: Yes, you may come to see me between 2 and 3 (o'clock).

   _____

2. A: May I smoke here?

   _____

   B: No, you may not.

   _____

3. A: May I go home early today?

   _____

   B: Yes, you may.

   _____

4. A: May I eat right now?

   _____

   B: No, you may not.

   _____

Prohibiting

H. Change the following sentences as in the example.

보기: 창문을 열지 마세요. 'Don't open the window.'
     → 창문을 열면 안 돼요.

1. 한국어 수업 시간에 영어를 쓰지 마세요.

   → _____

2. 술 마시고 운전하지 마세요.

   → _____

3. 아침에 늦게 일어나지 마세요.

   → _____

4. 도서관에서 커피를 마시지 마세요.

   → _____

Indicating lack of obligation

I.   Complete the following sentences using ~지 않아도 되다.

   1. 넥타이를 매다 _____
   2. 정장을 하다 (to wear formal clothing) _____
   3. 내일 일찍 일어나다 _____
   4. 숙제를 내일까지 내다 _____

Expressing an opinion or belief with ~(으)ㄴ/는/(으)ㄹ것 같다

J.   Translate into Korean.

   1. It seems that Seoul has changed a lot.

      _____

   2. It seems that the price of computers has gone down.

      _____

   3. It seems that a red dress looks good on you.

      _____

   4. It seems that the fashion in Korea these days is different
      from last year.

      _____

5. It seems that students these days study very hard.

Asking for and offering an opinion

K. Practice the following exchange. Use variations. (너무 크다 'too big', 너무 작다 'too small', 너무 길다 'too long', 너무 짧다 'too short', 너무 비싸다 'too expensive', 잘 맞다 'to fit well')

A: _____씨, 이 옷이 어때요?
B: 좀 큰 것 같아요.

L. Ask your partner, who is playing the role of your visiting Korean professor, how long he/she is planning to stay at your school, how long he/she has taught Korean, when he/she came from Korea, why he/she teaches, and what his/her future plans are.

M. Pretend you are shopping for a gift. Ask the salesperson to assist you and ask about the price, size, and color of whatever gift you have in mind. When the salesperson tries to select something for you, express reservation in an indirect and polite way.

Listening Comprehension

A.   Listen to the phrases and repeat aloud. Pay attention to the pronunciation. Each phrase is repeated three times.

1. 이십 만원입니다.   It is two hundred thousand *won*.
2. 안 가시겠어요?   Won't you go?
3. 더 큰 걸로 주세요. Please give me a bigger one.
4. 흰 구두   white shoes
5. 복잡했습니다   It was crowded.
6. 반값으로   (for) half-price
7. 몇 신으세요?   What size (shoes) do you wear?

B.   Listen to the words. Repeat after each word, paying close attention to the sound-change rules.

Aspiration

1. 백화점   2. 괜찮다   3. 많다   4. 좋다   5. 따뜻해지다
6. 좋지요   7. 졸업해요   8. 많지요?   9. 연락하다   10. 부탁하다

Assimilation

1. 건물   2. 안경   3. 친구   4. 한국어   5. 전공
6. 설날   7. 반가워요   8. 한복   9. 선물   10. 신문

ㅎ-weakening

1. 여행   2. 영화   3. 고향   4. 좋아요   5. 유행
6. 시험   7. 교회   8. 여학생   9. 유학생   10. 생활

C. Repeat each expression, paying attention to the contrast between each pair of expressions. Circle the expression you hear.

1. 많았지요.   만났지요.
2. 여행했어요.   유행했어요.
3. 꽃집   옷집
4. 피다   펴다
5. 편리한   편한
6. 비빔밥   볶음밥
7. 앞줄   앞쪽
8. 쉬고 있어요.   신고 있어요.
9. 뵙겠어요.   바뀌겠어요.
10. 바꿀 거예요. 바뀔 거예요.

D. Listen to the conversation, and then mark each statement T (true) or F (false).

Useful vocabulary:

원피스   바지   자켓   청바지   티셔츠

가방   넥타이   벨트   투피스   구두

1. _____ There is a summer sale in the Je-il (제일) department store.

2. _____ Mark needs to get a pair of shoes.

3. _____ Susan plans to buy a skirt and blue jeans.

4. _____ Mark needs to buy some clothes because of the change in weather in Korea.

5. _____ Mark needs a pair of blue jeans and a shirt.

E. As you listen to the narration, complete the chart with which and how many items each person purchased.

	수잔	성희	동수	마크
Item and quantity				

F. Listen to the conversation and answer the questions by circling the word that best describes the situation. (고급 'high-quality', 찾으세요? 'look for', 스위스 'Swiss')

1. Susie is buying a watch for her:
   a. cousin
   b. boyfriend
   c. brother
   d. father

2. She wants to get a watch that is:
    a. practical
    b. elegant
    c. in fashion
    d. expensive
3. The Swiss watch costs:
    a. $180
    b. $240
    c. $280
    d. $290
4. The Casio watch costs:
    a. $15
    b. $25
    c. $150
    d. $55
5. Susie did not buy the Swiss watch because:
    a. she was just window shopping
    b. the watch was too expensive
    c. the watch was defective
    d. she did not like the design

G. As you listen to the narration, fill in the blanks. (빨간 구두 대신 'instead of red shoes', 켤레 [counter for shoes/socks])

어제 오후 수업이 _____ 성희는 혼자 쇼핑하러
갔습니다. 백화점 _____에서 옷을 한 벌 사고, 옷가게
_____ 있는 구두 가게에 들어갔습니다. 성희는 빨간
구두를 하나 사고 싶었지만, 치수가 _____ 없었습니다.
구두 가게 남자 점원은 아주 _____해서 성희한테 요즘
유행하는 구두들을 이것저것 다 보여 주었습니다. 성희는 빨간

구두 대신 까만색을 하나 샀습니다. 까만 구두는 집에 있지만 아무 옷에 다 _____ 여러 켤레가 있어도 좋습니다.

H. Listen to the radio advertisement, which announces an annual clearance sale at the Seoul Department Store. Complete the four blanks and chart. (단 한 번 'just once', 실시합니다 'to carry into; to enforce', 모든 'all', 남성복 'men's clothes', 여성복 'women's clothes', 정장 'formal clothes; suit', 이상 'more than', 보너스 'bonus')

서울 백화점 빅 빅 세일

1. Sale: up to _____ percent off
2. Sale period: _____
3. Location: _____
4. Bonus if the total purchase exceeds $_____
5. Items for sale and prices

Sale item	Sale price

Reading

A. Read the paragraph and circle the correct answers.

성희네 동네에 새 백화점이 생겼습니다. 지하철역에서도 가깝고 백화점 앞에 오는 버스도 많아서 손님이 많을 것 같습니다. 다음 주 토요일에 문을 열기 때문에 아직은 복잡하지 않습니다. 성희는 다음 주말에 백화점애 가서 옷이랑 신발을 살까 합니다.

1. Which aspect of the new department store is expected to attract many customers?
   a. Having all kinds of merchandise.
   b. Convenient transportation
   c. Proximity to 성희's house
   d. Grand opening on Saturday
2. Which is not true?
   a. The new department store will open this Saturday.
   b. 성희 will buy clothes and shoes.
   c. The new department store is located in 성희's neighborhood.
   d. It is currently not crowded.

B. Read the paragraph and circle the correct answers.

성희는 민지와 백화점 3층에 있는 다방에서 만났습니다. 커피를 마시고 나서 쇼핑을 했습니다. 아침 시간이라서 복잡하지 않았습니다. 민지는 어머니 생신 때 드릴 원피스를 사고 성희는 여행갈 때 신을 운동화를 샀습니다. 신발 가게는 세일을 하는데 옷가게에서는 세일을 하지 않았습니다. 그렇지만 민지는 그 원피스가 마음에 꼭 들어서 그냥 샀습니다. 성희는 운동화를 싸게 사서 기분이 좋았습니다. 민지와 성희는 백화점 1층에 있는 가방 가게에서 핸드백 구경을 한 다음 점심을 먹었습니다. 성희가 점심 값을 냈습니다.

1. What did 민지 buy at the department store?
   a. a two-piece outfit for her mother
   b. a one-piece outfit for her mother
   c. tennis shoes for herself
   d. a one-piece outfit for herself
2. What did 성희 and 민지 do after looking around at the handbag store?
   a. drank coffee
   b. ate dinner
   c. went shopping for shoes
   d. ate lunch
3. Which is not true?
   a. The department store was not crowded.
   b. 성희 bought the tennis shoes on sale.
   c. They went to the coffee shop after shopping.
   d. They met on the third floor of the department store.

C.   Circle the correct answers after reading the advertisement.
(정장 'suit', 영업 'business', 기회 'chance', 놓치다 'to miss')

서울 백화점 바겐 세일

여자 정장	30%	남자 정장	20%	운동복 30%
청바지	50%	구두	20%	

상품권도 10% 세일합니다.

세일은 3월 20일부터 3월 30일까지입니다. 이번 기회를 놓치지 마세요.
영업 시간: 아침 9시 ~ 밤 9시

---

1. Which item has the largest discount?

   a. women's suits

   b. furniture

   c. sportswear

   d. jeans

2. How long are business hours during the sale?

   a. 8 hours

   b. 9 hours

   c. 10 hours

   d. 12 hours

Writing

A. Find and circle the following words in the box.

blue jeans	_____	brown	_____
coincidentally	_____	fashion	_____
half-price	_____	necktie	_____
sale	_____	shoes	_____
sports clothes	_____	store	_____
(two-piece) suit	_____		

영	독	감	래	구	를	소	조	유	러
골	가	치	두	리	속	쿰	없	는	다
구	체	게	촬	방	청	다	멘	적	될
주	저	할	만	경	안	바	인	주	댄
회	가	가	반	세	닫	는	지	가	상
제	로	값	프	리	일	그	솔	로	즈
원	운	지	낸	눈	빛	넥	일	밤	울
통	동	고	처	음	마	타	투	을	색
순	복	인	유	설	침	이	사	피	망
극	심	위	축	행	게	욱	못	곱	스

B. Complete the dialogue.

A: 어서 오세요. 어떤 구두를 찾으세요?

B: _____?

A: 네, 그럼요, 구경하세요.

B: 이 구두, 까만색 말고 밤색 있어요?

A: 잠깐만 기다려 보세요.

_____?

B: 240으로 주세요.

A: 이걸 신어 보세요. 잘 맞습니까?

B: _____.

더 큰 걸로 주세요.

A: 그럼 245로 신어 보세요. 여기 있어요.

B: _____?

A: 지금 세일이라서 십오만 원입니다.

C. Translate into Korean.

1. It seems that it is going to rain tomorrow.

_____

2. It seems that John didn't do his homework.

_____

3. It looks like it is raining outside. (밖에 'outside')

_____

4. It is difficult (for me) to buy clothes that fit me well.

_____

5. It is easy to make Korean food.

_____

6. This book is difficult to read.

_____

7. It is difficult to drive on rainy days.

_____

8. It is difficult to go to school while working.

_____

D. Write a brief sentence using ～(으)ㄴ/는/(으)ㄹ것 같다 for each predicate.

1. 필요하다 _____
2. 싫어하다 _____
3. 작다 　　 _____
4. 크다 　　 _____
5. 싸다 　　 _____
6. 시원하다 _____
7. 어렵다 　 _____
8. 힘들다 　 _____
9. 편하다 　 _____
10. 불편하다 _____
11. 편리하다 _____
12. 어울리다 _____
13. 재미있다 _____
14. 맛없다 　 _____

E. Choose ～(으)러 or ～(으)려고 and fill in the blanks.

1. 불고기를 _____(먹다) 한국 식당에 갔어요.
2. 여름 방학 동안 서울에 _____(가다) 해요.
3. 청바지를 하나 _____(사다) 백화점에 갔어요.
4. A: 왜 이 비싼 옷을 샀어요?
   B: 파티에 갈 때 _____(입다) 샀어요.
5. A: 왜 한국어를 배우세요?
   B: 졸업하고 나서 한국에서 _____(일하다) 배우고
   있어요.
6. 날씨가 흐려요. 비가 _____(오다) 해요.

F. Write your feelings about the following situations in Korean.
Use ～(으)면 안 되다.

1. You are asked by a stranger, "May I smoke here?" You give
a negative answer.

_____

2. A teacher tells the students not to speak English in class.

_____

3. At a party you advise your friend not to drink because he is
going to drive later.

_____

4. A swimming instructor says, "Please don't swim after lunch
break."

_____

5. A Korean teacher tells the students not to eat in class.

_____

G. Make up sentences that include:

1. 필요해요   _____
2. 마음에 들어요 _____
3. 어울려요   _____
4. 구경해요   _____

H. Make up sentences using ～는/(으)ㄴ 것 같아요.

보기: 수잔은 음악회에 자주 가요.
     → 수잔은 음악을 좋아하는 것 같아요.

1. 린다 씨는 날마다 도서관에 갑니다.
    → _____

2. 영미는 주말마다 백화점에 갑니다.
    → _____

3. 민지는 날마다 새 옷을 입고 학교에 와요.
    → _____

4. 민호 씨는 하루에 커피를 다섯 잔이나 마셔요.
    → _____

5. 제임스는 점심 시간에 햄버거를 세 개나 먹고 있어요.
    → _____

6. 마크는 겨울에 스키 타러 자주 갑니다.
    → _____

I. 생일 선물로 이백오십 불짜리 백화점 상품권을 받았습니다.
    백화점에 가서 무엇을 사고 싶습니까? (짜리 'value, worth', 상품권 'gift
    certificate')

    _____
    _____
    _____
    _____

제3과 여행 (Lesson 3: Travel)

Grammar

> **G3.1 ~게 되다 (a change or turn of events)**

A. Complete the following sentences. (장학금 'scholarship')

1. A: 이번 여름 방학에는 뭐 하세요?

    B: 작년부터 한국에 가려고 했는데 이번에 장학금을 받아서

    _____(arrangements have

    been made for me to go to Korea) (가다).

2. A: 여름 직장 찾았어요?

    B: 네, 지난 주에 연락 받았어요. 그래서 내주부터 뉴욕

    시티은행에서 _____(I'm all

    set to go to work [at Citibank in New York]) (일하다).

    A: 아주 잘 됐네요.

3. A: 스티브 씨, 한국말을 잘 하시네요.

    B: 매일 한국어 테이프를 들어서 한국말을

    많이 _____(I have come to

    understand) (알다).

4. A: 하와이에서 오후 1시 비행기로 떠나면 뉴욕에 몇 시에

    도착하게 되지요?

    B: 그 다음 날 아침 8시 40분에 _____

    _____(도착하다).

5. A: 이렇게 _____(I am

    very pleased to have met you [like this]) (뵙다) 정말 반갑습니다.

G3.2 ~(으)면 되다

'all one has to do is . . . , all one needs is . . .'

B. Complete the following sentences, using ~(으)면 되다.

1. (식당에 들어가서)

   A: 사람이 많네요. 얼마나 기다려야 하지요?

   B: 20분만 _____

2. A: 시험이 아직 많이 남았어요?

   B: 아뇨, 하나만 더 _____

3. A: 이번 학기에는 몇 과목을 들어야 돼요?

   B: 4과목만 _____

4. A: 일주일에 몇 시간을 일해야 돼요?

   B: 파트타임은 열 시간만 _____

5. A: 내일부터 일을 시작하는데 몇 시에 오면 돼요?

   B: 9시까지만 _____

G3.3 ~었/았네요, ~겠네요, ~었/았겠네요

C. Connect and complete the dialogue.

Speaker A	Speaker B
1. 스티브 씨를 아직 못 만나봤어요.	a. 아주 추웠겠네요.
2. 이번에 장학금을 받아서 대학원에 가게 됐어요.	b. 재미있었겠네요.
	c. 잘 됐네요.
3. 어젯밤에 스팀이 들어오지 않아서 잠을 잘 못 갔어요.	d. 그럼 그분을 모르시겠네요.
	e. 재미있겠네요.
4. 방학 때 한국에 갔다 왔어요.	f. 잘 되네요.

G3.4 ~어/아 본 적이 있다/없다 (past experience)

D. Write down whether or not you have done each activity. Use ~어/아 본 적이 있다/없다.

1. gone to Kyŏngju	2. played basketball
3. studied Japanese	4. worked as a tour guide
5. worked as a travel agent	6. gone to see a baseball game

1. _____
2. _____
3. _____
4. _____
5. _____
6. _____

G3.5 ~는 동안 'while, during'

E. Write down some of the things you want to do in Korea during your next vacation. Use ~는 동안.

보기: 여행하는 동안 한국말로 말하고 싶습니다.

1. _____
2. _____
3. _____
4. _____
5. _____

Speaking

Stating a change or turn of events with ~게 되다

A. Work with your partner to complete dialogues.

1. A: 처음 뵙겠습니다. 이민수라고 합니다.
    B: 아, 이민수 선생님, 말씀은 많이 들었지만 이렇게
       _____ 정말 반갑습니다.

2. A: 이번 여름 한국 여행은 어떻게 됐습니까?
    B: 네, 비자가 나와서 _____

3. A: 그 공사중이던 길은 다 고쳤습니까?
    B: 네, 지난 주까지 다 고쳐서 아주 _____

4. A: 졸업하고 뭐 하세요?
    B: 한국에 가서 _____

5. A: 어디서 일하게 됐어요?
    B: 이번 9월부터 워싱턴에서 _____

6. A: 이 선생님, 말씀하시던 자동차는 사셨어요?
    B: 아, 그 차요? 네 달이나 _____

7. A: 이번 여름 방학에 뭐 하세요?
    B: 백화점에서 안내원으로 _____

Solving problems

B. Have a classmate ask you these questions, then come up with
answers to them. Use ~(으)면 되다. (짐 'luggage', 짐을 옮기다 'move')

1. A: 기숙사로 다 짐을 옮겼어요?
    B: 가방만 _____

2. A: (식당에서 식사를 하고 나서) 얼마 나왔지요?

   B: 37불만 _____

3. A: 여행 가는데 필요한 것은 다 사셨어요?

   B: 편한 신발만 하나 _____

4. A: 여기 여행사가 어디 있죠?

   B: 32가에서 오른쪽으로 _____

5. A: 한국 미술관은 어떻게 가지요?

   B: 학교 앞에서 4번 버스를 타고 가서서 5번가 82가에서

   _____

Relating experience with ~어/아 본 적(일)이 있다/없다

C. Ask your classmates the following questions.

1. A: Have you ever written a letter in Korean?

   B: _____

2. A: Have you ever spoken Korean when shopping?

   B: _____

3. A: Have you ever ordered a meal in Korean?

   B: _____

4. A: Have you ever spoken Korean over the phone?

   B: _____

5. A: Have you ever been to Korea?

   B: _____

Stating duration with [time span] 동안 and ~는 동안

D. Interview your partner. Find out the things he/she did while traveling. Ask as many questions as you can think of. Write the answers on the lines provided.

1. Things he/she did:

   _____

   _____

   _____

2. Things he/she most wanted to do:

   _____

   _____

   _____

3. Things he/she did that were most enjoyable:

   _____

   _____

   _____

4. What is his/her opinion about traveling?

   _____

   _____

   _____

5. What was the most impressive thing he/she did?

   _____

   _____

   _____

E. Imagine you are a travel agent. How would you advise these customers?

1. Case #1: A customer wants to travel during off-season (the off-peak period) but is not able to travel from September through December and from January 15th through March 14th.

2. Case #2: A family wants to go skiing, but can go only from Thursday to Sunday. The trip should be as inexpensive as possible.

3. Case #3: An American student wants to take the Seoul afternoon tour, but the tour is for a minimum of two persons. The tour starts at 2 P.M. and ends at 5 P.M. The student has to be back to the hotel by 4:30 P.M.

4. Case #4: Two American students want to take the two-day Kyŏngju excursion. They need accommodations and transportation, but they have a restricted budget. Call a travel agency and make a reservation.

F. One person is a terminal clerk at the Highway Express Terminal. The other is a customer who calls the terminal and inquires about bus services. He/she wants to visit Taegu for two days, Kyŏngju for three days, then return to Seoul. After that he/she is planning to go to 강릉. (첫 출발시간 'first departure time', 마지막 출발시간 'last departure time', 운행간격 'intervals', 요금 'fare', 소요시간 'duration of journey')

고속버스 운행 시간표

구간	첫 출발시간	마지막 출발시간	운행간격	요금	소요시간
서울-대전	06:00	21:40	5 min.	1,980	1시간 30분
서울-대구	06:00	20:00	5 min.	3,690	3시간 50분
서울-경주	07:00	18:50	1 hr.	4,480	4시간 15분
서울-부산	06:00	18:30	5 min.	5,340	5시간 20분
서울-강릉	06:00	19:40	20 min.	3,240	3시간 30분

G. Practice buying train tickets in pairs using the table. One student plays the customer, the other the ticket clerk.

(열차시간표 'train timetable', 운임표 'fare table', 열차번호 'train number', 열차종별 'type of train', 출발시간 'departure time', 종착역 'final destination', 소요시간 'duration of journey', 종착시각 'arrival time', 운행간격 'interval', 요금 'fare', 편도 'one way', 왕복 'round trip', 태극실 'first-class car', 일반실 'regular-class car')

열차 시각 및 운임표

열차 번호	열차 종별	서울역 출발 시간	종착역	종착 시각	태극실 편도요금	일반실 편도요금
309	통일호	09:20	부산	15:19	10,900	7,600
313		11:25		15:23		
327		12:30		15:44		
145	무궁화	07:30	부산	12:30	14,900	11,000
101		08:15		13:11		
107		10:15				
1	새마을	08:00	부산	12:16	26,500	21,500
3		10:00		14:10		
5		11:00		15:15		
247	무궁화	10:40	대천	13:23	6,900	4,800
147	무궁화	09:30	경주	11:30	13,900	10,000
4	새마을	10:50	경주	14:35	24,500	19,500

H. Work in pairs, with one person pretending to be a reservation clerk at the Lotte Hotel and the other a customer who is calling the hotel to make a reservation for two or more days. The customer will travel next month between the 1st and 5th. O indicates a room that is available, and X unavailable.

Type of room	Price/night	1일	2일	3일	4일	5일	6일
Single	45,000	O	X	X	O	O	O
Double	74,250	X	O	X	O	O	O
Suite	91,095	O	O	O	O	X	X

Listening Comprehension

A. Listen to Minji talk about her experiences while traveling. Then mark each statement true (T) or false (F).

1. _____ It was not the first visit to Korea for Minji.
2. _____ Michael has been to Kyŏngju.
3. _____ Minji stayed at Kyŏngju for four days.
4. _____ Minji learned a lot while traveling.
5. _____ Minji returned home three days ago.

B. Yujin has returned to school. Listen as he explains to Professor Kim what he did during the summer vacation. Then complete the sentences.

1. Yujin stayed in Korea for _____ weeks.
2. Yujin's major is _____
3. Yujin did not study _____
4. Yujin travelled with _____
5. Yujin saw many _____
6. Why was Yujin's trip more interesting?

   _____

C. Listen to the Minji and Yujin's conversation, then mark each statement true (T) or false (F).

1. _____ Minji decided to go on the Seoul morning tour.
2. _____ Minji decided to go on the Seoul afternoon tour because she did not want to go early in the morning.
3. _____ The departure time is the same from every hotel.

4. _____ All Yujin has to do is to wait in the hotel lobby at 1:00 P.M.

5. _____ The tour takes only three hours.

D. Listen to the dialogue between Yujin and his grandmother, then complete the sentences. (모시고 가다 'to take someone [a senior]' 모시고 오다 'to bring someone [a senior]')

1. Yujin _____ to Lincoln Center.

2. Yujin's grandmother _____

3. Yujin's grandmother suggested going a few days later because _____

4. Yujin told his grandmother that _____ before she arrived.

5. Yujin's grandmother _____

E. Listen to the dialogue between Michael and Minji. Then mark each statement true (T) or false (F). (데리고 가다 'to take someone [a junior]', 데리고 오다 'to bring someone [a junior]')

1. _____ Michael is calling Minji from Korea.

2. _____ Michael is able to stay in Korea for only three days.

3. _____ Michael wants to have lunch with Minji.

4. _____ Michael asked Minji to bring her younger brother.

Reading

A. Read the selection and answer the questions. (글쓴이 'writer')

나는 한국에 오기 전에 경주에 대해서 많이 들었지만 한 번도
가 본 적이 없었습니다. 그래서 한국에 있는 동안 가 보고 싶
었습니다. 경주는 서울에서 동남쪽으로 224마일을 가면 있습
니다. 경주는 기차로도 갈 수 있고 고속버스로도 갈 수 있습
니다. 경주는 찾아오는 사람이 많기 때문에 서울에서 직접 가
는 고속버스는 한 시간마다 있습니다. 기차도 자주 있습니다.
나는 버스 여행이 좋을 것 같아서 버스로 내려갔습니다. 경주
는 역사적인 도시로 불국사, 석굴암, 다보탑, 그리고 석가탑
등 볼 것이 많습니다. 그 중에서 제일 인상적인 것은 석굴암
이었습니다. 불국사와 석굴암에 대해서는 여러 여행 안내책에
도 소개돼 있었습니다.
　　나는 이번 여름에 한국에 갔다 오게 되어서 아주 다행이었
습니다. 이번 여름은 제일 즐거운 여름이었습니다.

1. 왜 글쓴이는 경주에 가 보고 싶었습니까?

_____

2. 경주는 어디 있습니까?

_____

3. 경주는 어떻게 갑니까?

_____

4. 서울에서 경주로 직접 가는 버스는 얼마나 자주 있습니까?

_____

5. 글쓴이는 왜 버스로 갔습니까?

_____

6. 글쓴이가 경주에서 본 것 중에 제일 인상적인 것은 무엇입니까?

_____

7. 글쓴이는 이번 여행을 어떻게 생각합니까?

_____

B. Read the selection and answer the questions.

이번 여름방학 동안 한국 여행은 우리 부모님께서 해주신 졸업
선물이었습니다. 내가 고등학교 다닐 때는 메인에서 살았습니다.
내가 다니던 고등학교에는 한국에서 태어나서 한 살이나 두 살 때
미국으로 온 학생들이 꽤 있었습니다. 이 학생들은 아주 어렸을 때
와서 한국 문화나 역사에 대해서 잘 모릅니다. 나는 이 때부터
한국에 대해서 알고 싶어졌습니다. 실제로 서울에 와서 두 달 동안
있으면서 직접 보고 한국문화가 미국문화와 다른 것이 많은 것을
알게 되었고, 특히 생각하는 것이 많이 다른 것을 느끼게
됐습니다. 이번에 여행을 하면서 나는 한국에 대해서 더 깊은
관심을 갖게 됐습니다.

1. 글쓴이는 어떻게 해서 한국 여행을 할 수 있게 됐습니까?

_____

2. 글쓴이는 고등학교 때 어디서 살았습니까?

_____

3. 글쓴이는 언제부터 한국에 대해서 알고 싶어했습니까?

_____

4. 글쓴이는 여행을 하면서 무엇을 느끼게 됐습니까?

_____

C. Read the selection and answer the questions. (한국관광공사 'Korea
National Tourism Corporation', 항공사 'airline', 자연 'nature')

한국에 처음 놀러가는 사람들은 미국을 떠나기 전에 한국관광공사
나 한국여행사에 놀러가려는 곳에 대해서 물어보고 가는 것이 좋

습니다. 뉴욕, 로스앤젤레스, 호놀룰루, 시카고, 시애틀 등 미국의 큰 도시에는 한국관광공사들이 있습니다. 한국 항공사나 여행사에 가서 물어보면 됩니다. 그러면 여행을 더 즐겁게 할 수도 있고 또 한국에 대해서 더 많이 배울 수도 있습니다. 한국은 자연이 아름답고, 봄, 여름, 가을, 겨울의 사계절이 뚜렷합니다. 봄은 따듯하고, 여름은 덥고 비가 많이 오고 가을은 시원하고 겨울은 춥고 눈이 많이 옵니다. 한국의 수도 서울은 1988년 올림픽이 열린 곳으로 국제적으로 잘 알려진 곳입니다. 서울은 정치, 경제, 상업, 교육, 예술, 문화의 중심지입니다. 그리고 한국 인구의 4분의 1이 서울에 살기 때문에 서울은 교통이 아주 복잡합니다. 1974년에 지하철이 처음 나왔습니다. 많은 사람들이 지하철을 타고 다닙니다. 국내에서 여행을 할 때는 보통 자동차로 할 수도 있고 기차나 고속버스를 타고 여행을 할 수도 있습니다.

1. 한국관광공사나 여행사에 물어보고 가면 좋은 점은 무엇입니까?

   _____

2. 한국의 기후는 어떻습니까?

   _____

3. 서울은 어떤 곳입니까?

   _____

4. 서울의 지하철은 언제 생겼습니까?

   _____

5. 국내에서 여행할 때는 어떤 교통편이 있습니까?

   _____

D. 다음 경주까지 교통편 안내서를 보고 질문에 대답하십시오.

a. 국내선 항공편

서울 ↔ 울산*	1일 5회 왕복운항 (50분 소요)
서울 ↔ 포항*	1일 4회 왕복운항 (50분 소요)
서울 ↔ 김해	1일 27회 왕복운항(50분 소요)

  *울산, 포항 공항으로부터 경주까지 차편으로 40분 소요.

b. 새마을호 열차편

| 서울 ↔ 경주 | 09:00 및 17:30 출발 4시간 5분 소요 |
| 경주 ↔ 서울 | 09:15 및 17:50 출발 4시간 5분 소요 |

c. 고속버스편

운행구간	첫차	막차	소요시간	1일 운행회수
서울 ↔ 경주	07:00	18:10	4시간20분	23회
광주 ↔ 경주	09:49	15:40	4시간10분	2회
대구 ↔ 경주	07:00	19:30	1시간10분	26회
대전 ↔ 경주	06:50	21:00	50분	50회
대전 ↔ 경주	08:20	18:00	2시간50분	4회

d. 일반고속버스편

운행구간	첫차	막차	소요시간	1일 운행회수
부산 ↔ 경주	06:00	21:00	1시간15분	60회
대구 ↔ 경주	06:30	21:00	55분	60회

1. 서울에서 국내선 항공편으로 경주를 가려면 어떻게 가야
   합니까?

   _____

2. 새마을호 열차를 타고 경주를 가는 것이 좋겠습니까? 고속버스
   를 타고 가는 것이 좋겠습니까? 왜 그럴까요?

   _____

   _____

3. 대구에서 경주까지는 얼마나 걸립니까? 그리고 하루에 몇 번
   버스편이 있습니까?

   _____

   _____

E. 다음 경주 관광안내를 읽고 질문에 대답하시오.

○ 김유신장군묘   ○ 보문관광휴양지
○ 포석정   ○ 불국사
○ 천마총   경주 사적지   ○ 분황사
○ 첨성대   관광버스 안내   ○ 박물관
○ 계림   ○ 안압지

사적지순회 관광버스는 아침 8시부터 50분 간격으로 1일 4회 운행되며
소요시간은 4시간 30분이고 요금은 1인당 2,430원입니다. (단, 사적지
입장요금은 별도임.)

1. 사적지 관광버스는 아침 몇 시부터 있습니까?

   _____

2. 하루에 몇 번 운행됩니까?

   _____

3. 경주 사적지를 다 구경하려면 시간이 얼마나 걸립니까?

   _____

4. 요금은 일인당 얼마입니까?

   _____

Writing

A. Complete the statements using ~게 되다.

1. 새 컴퓨터를 하나 사고 싶었는데 이번에 _____(사다).
2. 저는 내년 여름에 미국에 가서 _____(공부하다).
3. 저는 2년만 더 다니면 학교를 _____(졸업하다).
4. 선생님 말씀을 많이 들었는데 오늘 이렇게 _____ (뵙다) 정말 반갑습니다.
5. 비행기 안에서 잃어버린 가방을 _____(찾다) 다행이에요.

B. Complete the dialogues with the given expressions.

왜요? 무슨 일인데요?
웬일이세요?
그래요?
글쎄요.
잘 됐네요.
그랬어요.

1. A: 그렇지 않아도 연락 드리려고 했는데 마침 전화를 잘 하셨네요.
   B: _____
2. A: 이번 겨울 방학에 친구들이랑 유럽 여행을 하게 됐어요.
   B: _____
3. A: 마크 씨, 이번 토요일이 린다 씨 생일이라서 파티를 해 줄 거예요. 오실 수 있지요?
   B: _____ 이번 토요일에는 벌써 다른 약속이 있는데요. 파티가 몇 시지요?

4. A: 어제도 광고에서 봤는데 요즘 컴퓨터 노트북 값이 많이
       내려 갔어요.
    B: _____ 사면 좋겠네요.
5. A: 아니, 이렇게 아침 일찍 _____
    B: 이렇게 아침에 일찍 걷지 않으면 하루 종일 시간이
       없어서 못 걷게 되잖아요.

C. Fill in the blanks with an appropriate expressions from the list.

네, 그래 주실래요?
전해 줄래요?
전해 줄게요.
왜요? 무슨 일인데요?
뭘요.

1. A: 선생님 바쁘신 것 같은데 도와 드릴까요?
    B: _____
2. A: 마이클 씨, 서울에 가면 스티브한테 안부 _____
    B: 네, _____
3. A: 린다 씨, 전화 마침 잘 했어요. 제가 전화하려고 했는데요.
    B: _____

D. The following sentences give advice about what to do when
       traveling. Complete them using ~(으)면 된다. (여권 'passport',
       여행자수표 'traveler's check')

1. 비행기표만 _____
2. 짐만 _____
3. 여권을 _____
4. 비자를 _____
5. 친구한테 _____

6. 은행에서 돈을 _____

7. 여행자수표를 _____

8. 호텔에 _____

E. What is the most impressive place you have traveled to? Why?

_____
_____
_____
_____
_____
_____
_____
_____
_____
_____

F. Where do you want to go most on vacation? Why?

_____
_____
_____
_____
_____
_____
_____
_____

_____

_____

_____

G. Write a letter asking a friend if you can stay (receive the favor of letting you stay) with him/her. Here is the situation.

You have never been to Korea, and you are planning to visit for ten days as a tourist. You have a limited budget, so you want to stay the first three days, while you are in Seoul, at a friend's house. Your friend, however, already has plans for two of the three days and cannot have you stay with him/her. Your friend cannot change his/her plans. Ask your friend to suggest an alternative.

_____

_____

_____

_____

_____

_____

_____

_____

_____

H. Write a letter from the friend's point of view. Find a solution to your friend's lodging problem.

_____

_____

_____

_____

_____

_____

_____

_____

_____

_____

_____

_____

_____

_____

_____

_____

_____

제4과 우체국에서 (Lesson 4: At the Post Office)

Grammar

> **G4.1** ~는 길이다/~는 길에 '(be) on one's way'

A. Complete the sentences using ~는 길이다/~는 길에.

1. 유진: 마크 씨, 어디 가세요?

   마크: (bank) _____

2. 마크: 유진 씨, 어디 갔다 오세요?

   유진: (gym) _____

   마크: 그래요? 운동하러 오는 학생들이 많아요?

   유진: 그럼요, 수요일하고 금요일에는 아주 많아요.

3. 샌디: 유진 씨, 올 여름 방학에는 일본에 안 가세요?

   유진: 네, 갈 거예요. 내 달에 한국에 _____(가다)
   일본에 잠깐 들를 거예요.

4. (길에서)

   유진: 샌디 씨, 이렇게 밤 늦게 웬일이세요?

   샌디: 마이클 집에 _____(들렀다 오다)

   유진: 아, 그래요, 그럼 조심해서 가세요.

5. 샌디: 민지 씨, 오늘 은행에 안 가세요?

   민지: 이따가 오후에 갈 거예요. 왜요?

   샌디: 은행에 _____(갔다오다)
   은행 옆 서점에 들러서 책 하나 사다 주실래요?

   민지: 네, 그럼요. 무슨 책이 필요하세요?

   샌디: 사실은 한국 사전이 필요해서요.

6. 민지: 유진 씨, 지금 슈퍼마켓에 _____(가다)
   인데, 뭐 필요한 것 없으세요?

유진: 아, 오렌지 주스가 다 떨어졌는데 오렌지 주스 하나 사다 주실래요?

민지: 네, 그럴게요. 또 다른 것은 필요한 것 없으세요?

유진: 그거면 되겠어요. 정말 고마워요.

G4.2   ~거든요 'you see (because)'

B.   Complete the sentences with an expression appropriate for the context.

1. 성희: 유진 씨 어디 가세요?

   유진: 슈퍼에 가는 길이에요.

   성희: 그럼 미안하지만 물 한 병 사다 줄래요?

   물이 다 _____

   유진: 네, 그럴게요.

2. 민지: 마크 씨, 왜 이렇게 서두르세요?

   마크: 수업이 아침 10시부터인데 벌써 _____

   민지: 네, 그래요? 그럼 빨리 가세요.

3. 샌디: 성희 씨, 왜 이렇게 갑자기 방 청소를 하세요?

   성희: 아, 오늘 우리 어머니가 학교에 _____

4. 샌디: 민지 씨, 오늘 아주 피곤해 보여요.

   민지: 어젯밤에 잠을 네 시간 밖에 _____

5. 마이클: 유진 씨, 오늘 마크가 학교에 안 왔어요.

   무슨 일이 있어요?

   유진: 아, 마크요? 감기가 들어서 _____

   (아프다).

G4.3 ～(으)려면 'if (one) intends to do'

C. Complete the dialogues using ～(으)려면. (등기속달 'registered express mail', 배치시험 'placement test')

1. A: 이 편지를 제일 빠른 항공 우편으로
       _____(부치다) 얼마짜리 우표를
       붙여야 돼요?

    B: _____ 붙이면 됩니다.

2. A: 이 소포를 항공편으로 미국에 _____(보내다)
       요금이 얼마입니까?

    B: 그 안에 뭐가 들었습니까?

    A: 책인데요.

    B: (무게를 달아보고 나서) 우편요금이 만 이천 원입니다.

3. A: 이 소포를 제일 안전하고 빨리 _____(보내다)
       어떻게 해야 됩니까?

    B: 등기속달로 보내세요.

4. A: 34로 가는 지하철을 _____(타다)
       어디서 타야 돼요?

    B: 이 쪽으로 가셔서 1번이나 9번을 타세요.

5. A: 선생님, 이번 학기에 한국어를
       _____(듣다) 어떻게 해야 돼요?

    B: 이번에 처음 배우는 거예요?

    A: 아뇨, 일 년은 시카고 대학에서 들었어요.

    B: 아, 그래요? 그럼 내일 와서 배치시험을 보세요.

G4.4   N(이)요

D.   Answer the questions using ~(이)요.

1. (길에서)
   A: 저기 저 빌딩이 뭐예요?
   B: 국제우체국 _____

2. A: 국제우체국이 어디 있어요?
   B: 목동 _____

3. A: 한국은 언제 가세요?
   B: 내일 _____

4. A: 이번에는 한국에 가셔서 얼마나 계세요?
   B: 열흘 _____

5. A: 얼마짜리 우표를 붙여야 돼요?
   B: 300원짜리 _____

6. A: 이 소포를 비행기편으로 뉴욕에 부치려고 하는데 며칠이나
      걸리죠?
   B: 일 주일에서 열흘 정도 _____

G4.5   ~어야/아야지요 'definitely/indeed/surely should/ought to/have to'

E.   Fill in the blanks with an appropriate expression in ~어야/아야
지요. (이엠에스 'express mail service')

1. 손님: 이 편지가 모레까지는 들어가야 되는데 어떻게 보내면
       좋을까요?
   직원: 등기속달로 _____

2. 손님: 이거 이렇게 그냥 보내도 돼요?

   직원: 그 안에 뭐가 들었습니까?

   손님: 녹음테이프예요.

   직원: 안전한 소포용 봉투에 _____(넣어
   서 보내다).

3. 손님: 이 디스크를 뉴욕으로 보내려면 며칠 걸려요?

   직원: 닷새에서 일주일 정도 걸려요. 급히 보내실 겁니까?

   손님: 네, 모레까지는 들어가야 하는데요.

   직원: 그럼, 이엠에스로 _____

4. 민지: 마크 씨, 아주 피곤해 보여요. 잠을 못 잤어요?

   마크: 오늘 시험이 있어서 어제 조금 밖에 못 잤어요.

   민지: 그럼, 오늘은 많이 _____

5. (친구집에 놀러와서)

   샌디: 벌써 이렇게 늦었네요. (친구가 가려고 일어서면서)

   민지: 좀 더 있다가 가요.

   샌디: 아니 이렇게 늦었는데 _____

6. A: 언제 서울에 가세요?

   B: 내주 토요일에 가요.

   A: 아, 그래요? 가시면 어디 계실 거예요?

   B: 아직 모르겠어요. 떠나기 전에 있을 방을
   _____(찾다).

G4.6 ~느라고 'as a result of/while/because of ~ing'

F. Complete the dialogues using forms in ~느라고.

1. A: 어제 왜 우리 집에 안 들르셨어요?

   B: 급히 국제우체국에 _____ 못 들렀어요.

2. A: 아주 바쁘시네요.

   B: 네, 지금 저녁 준비 _____요.

3. A: 어제 텔레비전에서 농구 경기 봤어요?

   B: 아뇨, 숙제 _____ 못 봤어요.

      누가 이겼어요?

   A: 시카고 불스요.

4. A: 요즘 어떻게 지내세요?

   B: 요즘은 공부도 하고 일도 _____

      다른 데는 신경 쓸 시간이 없지요.

5. A: 왜 전화 안 받으세요?

   B: 라디오를 _____ 전화 소리를 못

      들었어요. 미안해요.

Speaking

Telling a reason using ~거든요

A. One student asks the following questions of his/her partner. The partner answers each question in the negative, providing a reason as part of the answer.

1. 편지를 자주 씁니까?
2. 받은 편지는 다 읽습니까?
3. 친구한테서 온 편지 답장을 꼭 씁니까? (편지 답장 'reply')
4. 편지 쓰는 것을 좋아합니까?
5. 친구한테 쓴 편지나 카드가 다 들어갔습니까?

B. Practice the following dialogues, completing each answer with an appropriate response or reason.

1. A: 어디 가세요?
   B: 우체국에 소포 부치러 가는 길이에요. 내주 수요일이
      내동생 생일 _____

2. A: 오늘 왜 학교에 안 왔어요?
   B: 아침에 늦게 _____
      그래서 9시 수업에 못 갔어요.

3. A: 그 소포가 굉장히 빨리 왔네요.
   B: 속달로 _____ (속달 'express')

4. A: 요즘 민지한테서 전화가 안 오네요.
   B: 일하느라고 _____

Stating intentions or plans with ～(으)려면

C. Look at the chart below and make up short dialogues with a classmate. Student A is a post office information guide; student B is a customer. (창구 'window', 분실된 편지 'lost letter')

> 보기: A: 우표를 사려면 어느 창구로 가야 돼요?
> B: 1번 창구로 가세요.

	창구번호
1. 소포를 부치다	2
2. 외국에 편지를 부치다	3
3. 돈을 부치다	4
4. 분실된 편지를 알아보다	6
5. 국내에 편지를 부치다	5
6. 우표를 사다	1
7. 돈을 찾다	7

1. A: _____
   B: _____
2. A: _____
   B: _____
3. A: _____
   B: _____
4. A: _____
   B: _____

D.   Make up dialogues as in the example, referring to the map of Seoul's fifth subway line.

| 보기: A: 김포공항에 가려면, 몇 번 지하철을 타야 돼요? |
| B: 5호선을 타고 김포공항 역에서 내리시면 됩니다. |

보기	전철역	지하철 노선번호
1. 동대문운동장	동대문운동장	5호선
2. 국제우체국	목동	5호선
3. 63빌딩	여의도	5호선
4. 올림픽공원	올림픽공원	5호선
5. 김포공항	김포공항	5호선
6. 종로3가	종로3가	5호선

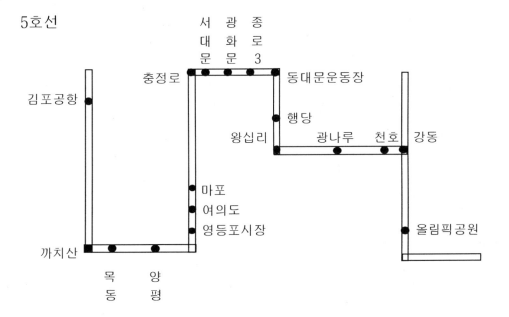

1. A: _____
   B: _____
2. A: _____
   B: _____

E. Create dialogues based on the international postage table. Example:

보기:	A: 미국에 편지를 등기로 보내려면 우편요금이 어떻게 됩니까? B: 1300원입니다.

구분 (class)		우편 요금 (postage)
국제 반신 우표권	판매	850원
	우표	500원
등기료 (registered)		1,300원
국제 특급 우편 (express mail service)		4,000원
속달료 (regular express)		900원
분실 신고 (lost-and-found)		무료 (free)
보험표 (insured item—up to 77,300원)		400원
항공 엽서 (aerogram)		350원

1. Sending by registered mail
   A: _____
   B: _____
2. Sending by express mail service
   A: _____
   B: _____

3. Sending by regular express

    A: _____

    B: _____

4. Finding a lost item

    A: _____

    B: _____

5. Insuring an item

    A: _____

    B: _____

Expressing necessity with ~어야/아야지요

F.   Make up a dialogue with a classmate about a postal clerk helping a customer.

보기: 직원: 어떻게 보내실거예요?

       손님: 제일 빠른 편으로 보내고 싶은데요.

       직원: 그럼 속달로 보내<u>셔야지요.</u>

Hints for dialogues

1. A customer wants to have proof that an item was received by the person to whom it was addressed.

2. A customer complains that a package was not delivered and wants to have it traced.

3. A customer wants to return an item to a store and needs to insure it.

4. A customer wants to send a breakable item to Canada.

5. A customer wants to rent a post office box for three months.

6. A customer wants to pick up a registered letter.

Justifying one's actions; giving excuses

G. With your partner, create a dialogue using information from the table. Make your questions good ones. (통근하다 'to commute')

보기: A: 어제는 좀 밀린 잠을 잘 수 있었습니까?
B: 아뇨, 어제도 시험공부하느라고 (잠을) 조금밖에 못 잤어요.

1. 지난 주말 일하러 가다	친구파티에 못 가다
2. 오늘 아침에 숙제하다	오전 9시 수업에 못 가다
3. 지난 목요일에는 운동하러 가다	저녁을 늦게 먹다
4. 요즘 주말이면 운전 배우다	바쁘다
5. 놀러 다니다	정신이 없다
6. 어젯밤에 친한 친구하고 이야기하다	늦게 자다
7. 어제는 빨래하다, 청소하다	다른 일을 못 하다
8. 매일 멀리서 통근하다	다른 일은 못 하다
9. 룸메이트, 지금 불고기를 만들다	전화를 못 받다
10. 아까 테이프 듣다	전화소리를 못 듣다
11. 여행준비하다	바쁘다
12. 시험공부하다	집에 자주 전화를 못 하다

H. Make up realistic dialogues based on the situations described. After one run-through, exchange roles.

1. One student is a postal clerk, the other a customer. The customer wants to send a package containing a fragile item

to New York. The clerk is trying to help the customer, who wants to make sure that the package will get to New York safely and quickly before his/her mother's birthday/father's birthday/friend's birthday.

2. One student is a post office superintendent. The other student is interviewing for a temporary job. Christmas is around the corner, and the post office needs extra help. The superintendent is interviewing for temporary workers. The interview should contain questions about the applicant's employment history; terms of employment—such as rate of pay, hours to be worked, schedule, benefits; the applicant's special skills; and so forth.

Listening Comprehension

A. Listen to the conversation between a postal clerk and a customer, then complete each sentence by filling in the blanks.

1. The customer wants to send something by _____

2. The postal clerk told him that it will take _____ _____ to get to Hawaii.

3. The customer says that he does not know how to fill out the form because _____

4. All the customer has to write is _____ _____

B. Michael has gone to a department store to get a present for his mother's birthday. Listen to the conversation between Michael and a saleswoman. Mark each sentence true (T) or false (F).

1. _____ Michael knows what to get for his mother's birthday.

2. _____ Michael wants to get a wallet.

3. _____ Michael wants to get a watch.

4. _____ Michael gave his mother a sweater last year.

5. _____ Michael thinks that a watch is not expensive.

6. _____ Michael thinks that a pink sweater would be nice.

C. Listen to the conversation between Michael and Sandy, and then complete each sentence by filling in the blanks.

1. Michael is on his way back from _____

2. Michael went there to _____

3. Sandy has not been to _____

4. Michael thinks that the service in that place _____

_____

D. Listen to the conversation between Michael and Sandy and choose the expression that best completes each sentence.

1. Sandy's mother lives in:
   a. the United States
   b. Canada
   c. Korea

2. Sandy came to the post office:
   a. to buy stamps
   b. to send a package
   c. to buy postcards

3. Michael came to the post office:
   a. to send a package and buy stamps
   b. to buy aerograms
   c. to buy stamps and aerograms

4. Michael couldn't remember that Mother's Day is only:
   a. several days away
   b. ten days away
   c. four days away

E. Listen to the conversation between a postal clerk and a customer. Choose the expression that best completes each sentence.

1. Window number three is for:
    a. sending letters only
    b. sending letters and packages
    c. selling stamps only
    d. sending packages only
2. Window number two is for:
    a. sending letters only
    b. selling stamps only
    c. sending packages only
    d. sending money only

F. Listen to the conversation between Sunghee and Michael, then complete each sentence by filling in the blanks.

1. The campus post office will be closed _____
2. Michael goes to the campus post office because _____

    _____
3. Michael forgot _____ last year.
4. Michael wants to send a card to _____
5. The international post office is open _____

Reading

A. Read the selection and answer the questions in Korean.

이 주일 후 토요일이 미국에 계신 어머님 생신이기 때문에 오늘 아침에 백화점에 가서 어머니께 보낼 선물을 샀습니다. 선물을 산 후에 기숙사에 와서 포장용 종이로 잘 쌌습니다. 그리고 소포를 부치러 우체국에 갔습니다. 우체국은 학교 안에 있는데, 내가 사는 기숙사에서 아주 가깝고 편리해서 자주 갑니다.

우체국에는 창구마다 사람들이 줄을 서서 기다리고 있었습니다. 편지를 보내는 사람, 소포를 부치는 사람, 우표를 사는 사람, 다른 곳으로 돈을 부치는 사람들이었습니다. 나는 잠깐 기다린 후에 2번 창구로 가서 직원한테 이것저것을 물어봤습니다. 그 직원은 친절하게 대답해 주었습니다. 나는 소포를 부치려면 꼭 써야하는 종이를 직원한테서 받아서 받는 사람과 보내는 사람의 이름하고 주소를 썼습니다. 비행기로 소포를 부치면 미국까지 열흘쯤 걸립니다. 나는 빨리 보내고 싶어서 속달로 보냈습니다. 속달은 보통보다 비싸지만 일 주일밖에 걸리지 않습니다. 어머니께서 생신 전에 이 소포를 받으실 수 있으면 좋겠습니다. 소포를 부치고 나서 옆에 있는 창구로 가서 170원짜리 우표 열 다섯 장과 항공 봉투 여덟 장을 사 가지고 기숙사로 돌아왔습니다.

1. 글쓴이는 왜 백화점에 갔습니까?

   _____

2. 글쓴이는 왜 학교 안에 있는 우체국에 자주 갑니까?

   _____

3. 창구마다 기다리는 사람들은 어떤 사람들입니까?

   _____

4. 소포를 부치려면 종이에 무엇을 써야 합니까?

   _____

5. 글쓴이는 소포를 왜 속달로 보내려고 합니까?

_____

6. 글쓴이는 우체국에서 무엇을 샀습니까?

_____

B.   Read the postcard and answer the questions in Korean.

(부채 'fan')

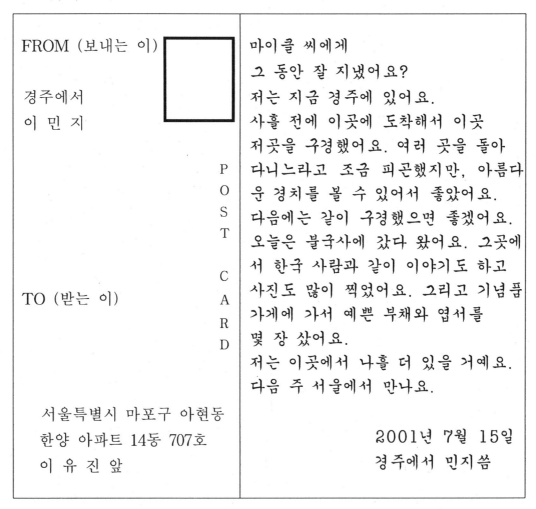

FROM (보내는 이)

경주에서
이 민 지

P
O
S
T

C
A
R
D

TO (받는 이)

서울특별시 마포구 아현동
한양 아파트 14동 707호
이 유 진 앞

마이클 씨에게
그 동안 잘 지냈어요?
저는 지금 경주에 있어요.
사흘 전에 이곳에 도착해서 이곳
저곳을 구경했어요. 여러 곳을 돌아
다니느라고 조금 피곤했지만, 아름다
운 경치를 볼 수 있어서 좋았어요.
다음에는 같이 구경했으면 좋겠어요.
오늘은 불국사에 갔다 왔어요. 그곳에
서 한국 사람과 같이 이야기도 하고
사진도 많이 찍었어요. 그리고 기념품
가게에 가서 예쁜 부채와 엽서를
몇 장 샀어요.
저는 이곳에서 나흘 더 있을 거예요.
다음 주 서울에서 만나요.

2001년 7월 15일
경주에서 민지씀

1. 누가, 어디에서 이 엽서를 보냈습니까?

_____

2. 이 편지를 받는 사람은 누구입니까?

_____

3. 글쓴이는 왜 피곤했습니까?

_____

4. 글쓴이는 불국사에서 무엇을 했습니까?

_____

5. 글쓴이는 가게에서 무엇을 샀습니까?

_____

C. 다음 편지 봉투의 내용을 읽고 물음에 답하십시오. (형식 'form', 방법
   'method, way', 문과대학 'college of liberal arts', 국어국문학과 'department of
   Korean language and literature', 학과장 'chairman')

┌───┐
│ 121-013   ┌────┐   │
│   │우표│   │
│ 서울특별시 마포구 아현동   └────┘   │
│ 한양 아파트 14동 707호   │
│ 이 유 진   │
│   120-749   │
│   서울특별시 서대문구 신촌동 134번지 │
│   연세대학교 문과대학 국어국문학과   │
│   학과장 귀하   │
└───┘

1. 이 편지를 보내는 사람은 누구입니까?

_____

2. 121-013과 120-749은 무엇입니까?

_____

3. 이 편지를 받는 사람은 누구입니까?

_____

4. 이것은 국제우편입니까? 국내우편입니까?

_____

5. 한국에 있는 가족이나 친척에게 안부 편지를 쓰고, 위와 같은 형식으로 편지 봉투를 써 보십시오.

---

6. 한국 주소를 쓰는 방법과 미국 주소를 쓰는 방법을 비교해 보십시오.

D. Read the letter and answer the questions. (박사 'Ph.D.', 석사 'master's', 과정 'course', 지원하다 'to apply for', 근대소설 'modern novel', 논문 'thesis', 입학 'to enter a school', 서류 'document')

국어국문학과 과장님 귀하

안녕하십니까?

제 이름은 이유진입니다. 저는 미국 대학원에서 한국 문학을 전공했습니다. 올해 5월에 졸업했는데, 내년에 그 곳 대학원 국문학과 박사 과정에서 계속 공부하고 싶습니다. 그래서 금년 가을에 지원하려고 합니다. 저는 석사 과정에서 한국 문학을 공부하는 동안 근대 소설에 관심이 많았습니다. 제 졸업 논문 내용도 한국 근대 소설에 대한 것입니다. 제 논문이 필요하시면 보내드리겠습니다.

　대학생 때부터 한국말을 열심히 공부해서 이제는 한국말로 논문도 쓸 수 있습니다. 또 한자도 많이 배웠기 때문에 한국 신문도 쉽게 읽을 수 있습니다.

　저는 여러 사람한테서 그 곳 대학원 국문학과와 교수님에 대해서 많이 들었습니다. 꼭 그 대학원에 입학해서 공부했으면 좋겠습니다.

　제게 필요한 입학 서류를 좀 보내 주십시오.

　안녕히 계십시오.

2001년 7월 20일
이유진 올림

1. 이 편지는 누구에게 보내는 것입니까?

   _____

2. 이 학생의 전공은 무엇입니까?

   _____

3. 이 학생의 석사 논문의 내용은 무엇에 대한 것입니까?

   _____

4. 이 학생은 왜 편지를 써서 보냈습니까?

   _____

5. 이 학생은 어떻게 한국 신문을 쉽게 읽을 수 있게 되었습니까?

   _____

E. Read the selection and answer the questions. (업무 'business')

한국의 우체국에 대해서 간단하게 소개하겠습니다. 한국의
우체국과 미국의 우체국은 다른 점이 많습니다. 옛날에는 우체국
에서 편지나 소포만 부칠 수 있었지만, 요즘은 다른 일도 할 수
있습니다. 1983년에 우체국에서 예금 업무를 다시 시작했습니다.
이제는 가까운 우체국에 가서 저금도 할 수 있고, 다른 곳으로
돈도 보낼 수 있습니다. 또 우체국에서 항공권을 예매하기 때문에
비행기표를 쉽게 살 수 있습니다. 이제는 여행사에 가지 않아도
됩니다. 앞으로는 기차, 배, 고속버스의 예매도 시작할 것입니다.
   우체국에 전화를 걸어서 필요한 물건을 주문하면 이틀이나 사
흘 후에 집에서 그 물건을 직접 받을 수도 있고 그리고 또 자기가
멀리 있는 친척이나 친구에게 선물을 보내고 싶을 때도 우체국을
통해서 물건을 주문하면 그곳으로 보내줍니다. 그래서 한국의 우체
국은 아주 편리합니다.

1. 한국의 우체국에서는 옛날에 어떤 일을 했습니까?

   _____

2. 우체국에서 은행 업무를 언제 다시 시작했습니까?

   _____

3. 비행기표는 어디에서 예매할 수 있습니까?

   _____

4. 멀리에 사는 친구에게 선물을 보낼 수 있는 쉬운 방법은
   무엇입니까?

   _____

5. 한국의 우체국과 미국의 우체국에서 하는 일이 어떻게
   다릅니까?

   _____

Writing

A. Select the word or words that best complete the sentence.

1. 어제 _____ 하던 편지를 깜빡 잊고 못 부쳤습니다.
   a. 붙이려고   b. 붙이러   c. 부치려고   d. 부치러

2. A: 우표 열 두 장 주세요.
   B: 얼마짜리 우표 _____?
   a. 드릴까요   b. 줄까요   c. 드릴게요   d. 줄래요

3. A: 우체국에 가시는 길에 이 편지 좀 _____?
   B: 네, 그러죠.
   a. 부쳐 주시겠어요?   b. 붙여 주시겠어요?
   c. 붙여 줄까요?   d. 부쳐 줄까요?

4. A: 우표_____ 한 장 필요한데 있으세요?
   B: 다 떨어졌어요. 저도 오늘 사야 돼요.
   a. 이   b. 가   c. 를   d. 을

5. A: 얼마짜리 우표를 _____ 돼요?
   a. 부치면   b. 붙이면   c. 부치려면   d. 붙이려면

6. 저는 어렸을 때 어머니 속을 많이 _____
   a. 썩였어요   b. 썩혔어요   c. 썩었어요   d. 섞였어요

7. 선생님, 어제 숙제를 다 했는데 오늘 깜빡 _____
   안 가지고 왔네요.
   a. 잃고   b. 잊고   c. 잇고   d. 있고

8. A: 어제 그 힘든 일을 다 해 주어서 고마워요.
   B: _____
   a. 글쎄요   b. 그래요   c. 뭘요   d. 어때요

9. A: 항공편_____ 얼마나 걸릴까요?
   B: 8일_____ 10일 정도 걸려요.
   a. 로, 부터   b. 으로, 에서   c. 에, 에서   d. 으로, 부터

10. A: 이렇게 싸시면 포장이 _____
    B: 아, 그래요. 그러면 잘 싸야 겠네요.
    a. 뜯어요.   b. 뜯어져요   c. 뜯으세요   d. 뜯게 돼요

11. A: 이 소포를 빨리 보내고 싶은데 항공편_____ 해 주세요.
    B: 네, 알겠습니다.
    a. 에   b. 이   c. 으로   d. 에서

12. 그 때는 시험 공부_____ 주로 도서관에 있었습니다.
    a. 해서   b. 하느라고   c. 하기   d. 하지만

13. _____ 이번 학기를 끝내고 미국으로 돌아가고 싶습니다.
    a. 어차피   b. 어서   c. 그럼   d. 마침

14. 어제 밤에는 밤을 _____
    a. 새웠어요.   b. 샜어요.   c. 세웠어요.   d. 세었어요.

15. 우체국에 _____ 오는 길에 우유 좀 사다 주실래요?
    a. 갔다   b. 가다   c. 갔다   d. 같다

B. Respond with the given expressions.

글쎄요
그럴게요
뭘요
왜요?

1. A: 학교에 갔다 오는 길에 주스 좀 사다 줄래요?
   B: _____

2. A: 아, 주스를 사왔네요. 고마워요.
   B: _____

3. A: 일요일까지 기숙사에 돌아가려고 했는데 못 가게 됐어요.
   B: _____

4. A: 국제우체국이 이 근처에 있습니까?
   B: _____, 잘 모르겠는데요.

C. Complete the sentences with an appropriate expression in ～(으)려면.

1. 속달로 _____ 어느 우체국에 가야 돼요?
2. 국제우체국에 _____ 여기서 지하철 5호선으로 바꿔 타세요.
3. 그 소포를 이 소포용 종이로 _____ 아주 잘 싸셔야 됩니다.
4. 학교에 가기 전에 아침에 _____(걷다) 일찍 일어나야 돼요.
5. 오늘 저녁 야구시합을 _____ 7시까지 오셔야 돼요.

D. Answer the questions with N(이)요.

1. A: 그 소포 안에 뭐가 들었어요?
   B: (옷)_____
2. A: 국제우체국이 어디 있어요?
   B: (목동)_____
3. A: 마이클 씨는 집이 어디에요?
   B: (뉴욕)_____
4. A: 전공이 뭐예요?
   B: (한국문학)_____

E. Answer the questions with either ～느라고 or ～어서/아서. (몇 번 'several times')

1. A: 요즘도 농구하세요?
   B: _____(수영하다) 못 해요.
2. A: 어제 골프치셨어요?
   B: _____(비가 오다) 못 쳤어요.
3. A: 아까 몇 번 전화했는데 왜 안 받으셨어요?
   B: 음악을 들으면서 아래층에서 _____(운동 하다) 못 들었어요.

   4. A: 어제 어디 갔어요?

       B: 친구가 보스톤에서 _____(오다) 영화보러
          갔어요.

   5. A: 요즘 왜 이렇게 바쁘세요?

       B: 한국말 _____(공부하다) 다른 것은 못
          해요.

F.   Write a postcard to a close friend.

_____

_____

_____

_____

_____

_____

_____

G.   Write a letter to your parents in the United States.

_____

_____

_____

_____

_____

_____

_____

_____

_____

_____

_____

_____

제5과 하숙집 (Lesson 5: Boardinghouses)

Grammar

G5.1   The plain speech style ~(는/ㄴ)다

A. Change the following sentences into the plain style.

1. 작년에 기숙사에서 살던 내 친구는 올해 1월에 하숙집으로 옮겼어요.

   _____

2. 내가 사는 집은 하숙집이에요.

   _____

3. 지난 주 날씨는 따뜻했는데 이번 주는 추워요.

   _____

4. 보통 기숙사 방은 좁아요.

   _____

5. 나는 매일 아침 한 시간씩 걸어요.

   _____

6. 작년에 내가 쓰던 방은 넓었어요.

   _____

7. 나는 음악을 들으면서 운동해요.

   _____

8. 서울은 교통이 아주 복잡해요.

   _____

9. 나는 한국말을 날마다 네 시간씩 공부해요.

   _____

10. 어제 밤에 숙제하느라고 잠을 못 자서 오늘은 아주 피곤해요.

    _____

11. 내 친구 집은 학교에서 아주 멉니다.

_____

12. 고등학교 때는 로스앤젤레스에서 살았지만, 지금은
    뉴욕에서 살아요.

_____

G5.2 ~게요 (purpose of a request)

B. Answer the questions using the expressions in parentheses and
the ~게요 form.

1. 스티브:　　　성희 씨, 동전 있으세요?
   성희:　　　_____(전화하다).

2. 김 선생님:　이 선생님, 컴퓨터 노트북을 가지고 오시겠어요?
   이 선생님:　_____(회의 때 쓰다).

3. 스티브:　　　성희 씨, 혹시 좋은 하숙집 아세요?
   성희:　　　_____(이사하다).
   　　　　　　　지금 계신 기숙사가 편하고 좋잖아요.

4. 스티브:　　　여기 대학서점이 어디 있어요?
   성희:　　　_____(책 사다).
   스티브:　　　네, 한국어 사전이 하나 필요해서요.

5. 스티브:　　　실례합니다. 주인 아주머니 계십니까?
   주인아주머니: 전데요. 어떻게 오셨어요.
   스티브:　　　하숙 광고를 보고 왔는데요.
   　　　　　　　혹시 독방이 있습니까?
   주인아주머니:_____(독방을 쓰다).

G5.3 ~는 중이다 'in the process/middle of'

C. Complete the sentences with forms in ~(는) 중이다. (통화중 'the line is busy')

1. A: 지금 뭐 하세요?
   B: _____(밥먹다)

2. A: 지금 전화가 돼요?
   B: _____(통화중)

3.   (이 교수님 연구실에 와서)
   A: 이 교수님 좀 뵈러 왔는데요. 계세요?
   B: 지금 _____(he is in class)

4. A: 지금 어머니 뭐 하세요?
   B: _____(아버지하고 말씀하시다.)

5. 스티브: 린다 씨, 샌디 씨 있어요?
   린다: 샌디는 _____(she is on the phone)

G5.4 ~대요/(이)래요 (hearsay)

D. Convert the sentences into hearsay using ~대요/(이)래요.

1. A: 스티브가 언제 와요?

   _____

   B: 다음 주에 와요.

   _____

2. A: 이번 여름에는 스티브가 뉴욕에서 지내요?

   _____

   B: 네, 뉴욕에서 지내요.

   _____

3. A: 스티브 씨는 하숙집을 구했어요?

   _____

   B: 잘 모르겠는데요. 학교가 시작해서 _____
          _____(구하기 힘들다)

4. 마이클: 스티브 씨는 내년 여름방학에 한국에 가요?

   _____

   린다: 네, _____(그렇다)

5. A: 저분이 누구세요?

   _____

   B: 이 선생님 어머님이세요.

   _____

6. 스티브는 지난 주에는 시험도 많고 시간도 없어서 아침을
   못 먹었다.

   _____

7. 내 주는 날씨가 좋을 거예요.

   _____

8. 학교 근처에 있는 하숙집은 더 비싸요.

   _____

9. 오늘 저녁 8시 야구 시합이 있어요.

   _____

10. 스티브는 둘이 같이 쓰는 방을 싫어해요.

   _____

> G5.5 ~(으)ㄴ/는지 알다/모르다 'know/don't know whether
>   (what, who, where, when) . . .'

E. Change the following sentences into indirect questions with the
indirect question marker.

> 보기: A: 언제 기숙사에 들어 갈 수 있어요?
>   언제 기숙사에 들어 갈 수 있는지 아세요?
>   B: 모르겠어요. 알아봐야겠어요.

1. A: 여기서 제일 가까운 지하철역이 어디입니까?

    _____

   B: 네, 여기서 조금 내려가시다가 보시면 왼쪽에 있습니다.
2. A: 그 학생이 우리 대학 학생이에요?

    _____

   B: 글쎄요. 잘 모르겠는데요.
3. 마이클: 스티브가 한국어를 몇 년 공부했어요?

    _____

   샌디: 3년 공부했대요.
4. A: 요즘 노트북이 얼마예요?

    _____

   B: 글쎄요. 요즘 컴퓨터 가게를 가보지 못해서
   잘 모르겠는데요.
5. A: 이 동네 음식점 중에서 어느 음식점이 제일 맛있어요?

    _____

   B: 아, 네. 바로 학교 앞 식당이 제일 잘 해요.
6. 마이클: 스티브 씨는 이번 학기에는 무슨 과목을 들어요?

    _____

   샌디: 글쎄요. 잘 모르겠는데요.

7. 마이클: 성희 씨, 샌디는 어제 저녁에 어디 갔어요?

_____

성희: 아, 네. 샌디는 영화 보러 갔었어요. 그런데 그 영화가
        아주 재미있고 웃기는 영화였대요.

**G5.6 A: ~(으)ㄴ 지 얼마나 됐어요? 'How long has it been
        since?'**
**B: ~(으)ㄴ 지 [time span] (이/가) 되다 'It has been
        [time span] since'**

F. Translate into Korean using ~(으)ㄴ 지 [time span] (이/가)
        되다. (프로젝트 'project')

1. A: How long has it been since you came to New York (Los
      Angeles, Hawaii, Chicago, Boston, Princeton)?

   _____

   B: It's been a year and half.

   _____

2. A: How long have you known Steve?

   _____

   B: I've known him for about two years.

   _____

3. A: How long has it been since the project was completed?

   _____

   B: About one year.

   _____

4. A: How long is it since your tooth began to hurt (how long has your tooth been hurting)?

   _____

   B: It's been three or four days.

5. A: How long has it been since he went to Korea?

   _____

   B: It's been about seven years.

   _____

6. A: How long has he/she been married?

   _____

   B: Ten years.

   _____

7. A: How long has it been since you lived in New York?

   _____

   B: It's been eighteen years.

   _____

> **G5.7   ~다가 (movement from one action/state to another)**

G. Use ~다가 to combine each pair of sentences.

1. 아파트에서 살았어요. 그러다가 하숙집으로 이사했어요.

   _____

2. 도서관에서 공부했어요. 그러다가 쉬러 밖에 나왔어요.

   _____

3. 일하고 있었어요. 그러다가 전화 받느라고 이쪽으로 왔어요.

   _____

4. 친구하고 놀았어요. 그러다가 지금 막 공부 시작했어요.

   _____

5. 돈 때문에 학교에서 좀 먼 하숙집을 봤어요. 그러다가 다시 요즘은 학교에서 가까운 하숙집을 보고 있어요.

_____

_____

6. 친구하고 이야기하고 있었어요. 그러다가 늦었어요.

_____

7. 민지는 기숙사에서 나오는 길이었어요. 친구를 만났어요.

_____

8. 집에 돌아가는 길이었어요. 가게에 들러서 우유를 사 가지고 갔습니다.

_____

_____

9. 학교에 오는 길이었어요. 커피숍에 들러서 베이글 하나하고 주스를 사 가지고 왔습니다.

_____

_____

Speaking

Expressing need with Noun이/가 필요하다

A. With your partner, make up dialogues. Example:

> 보기: A: 실례합니다. 주인 아주머니 계세요?
>
>   B: 네, 전데요.
>
>   A: 아주머니, 여기 하숙방이 있습니까?
>   <u>방이 하나 필요한데요.</u>
>
>   B: 지금 빈방이 둘이나 있어요. 한번 보시겠어요?
>
>   A: 네, 그런데 저는 <u>독방이 필요한데요.</u>

1. You are looking for an apartment near school. Call the landlord and inquire about the apartment. Describe what you are looking for using the expressions below.

   a. a two-bedroom apartment

   b. faces south or east

   c. should be on a quiet street

   d. should be within a fifteen-minute walk from school

2. You are looking for a 하숙집. You call the 하숙집 아주머니 to ask the following questions.

   a. Is a room available?

   b. Is there a single room?

   c. How much is a room per month? When is rent paid? (in advance or at the end of month, for example)

   d. Is it in a residential area?

   e. Is it in a quiet area?

   f. How many meals are provided daily?

g. Is there laundry service?

h. Is electricity included?

i. Are there other 하숙생 (boarding students)?

Make up more questions to find out whatever you want to know.

Action in progress

B. Answer the questions using ~는 중이다/Noun 중이다.

1. A: 요즘 뭐 하세요?

   B: 한국어 _____

2. A: 하숙집은 찾으셨어요?

   B: 아뇨, _____

3. A: 운전을 배우기 시작하셨어요?

   B: 지금 _____

4. A: 피아노는 언제부터 배우세요?

   B: 요즘 _____

5. A: 민지 씨, 숙제 다 했어요?

   B: 아뇨, _____

6. A: 전공 정하셨어요?

   B: 아뇨, _____(생각하다)

Reporting information with ~대요/(이)래요

C. Practice reporting information in these situations.

1. Your partner didn't watch the news last night. Tell her/him what you learned from the television.

2. Tell the class about the weather forecast for tomorrow and the next five days.

3. Your roommate didn't feel well today, and so she couldn't come to class. Tell your teacher.

4. Inform your parents in advance that your friend is coming to visit this weekend so that they will be ready. Tell them the following about your friend's visit.

   a. time and date of arrival

   b. time and date of departure

   c. things he/she wants to do while visiting

   d. length of stay

   e. places to visit

5. You are at the train station. You have come to meet a friend who is arriving from Boston. Then you are going to travel with your friend to Washington. Call home to Washington to tell someone the status of your train.

Arrives	Train	From	To	Station
7:35 P.M.	Amtrak	Boston	New York	15 min. late
8:22 P.M.	New Jersey Transit	Trenton	New York	on time
7:55 P.M.	Amtrak	New York	Washington	40 min. late
8:32 P.M.	New Jersey Transit	New York	Trenton	standby

6. Your friend is planning to visit you next week and wants to know the weather in your area. Use the table to tell him/her about the weather for the next several days, including the temperature.

	Friday	Saturday	Sunday	Monday	Tuesday	Wednesday
기온	92°	94°	82°	78°	80°	76°
Weather	Humid	Hot, showers	Clear	Rain	Partly cloudy	Clear

Indicating knowledge or ignorance

D. With your partner, make up dialogues based on the situations given. Use the indirect question form.

1. You lost your bag in the airport. You go to the lost-and-found (desk) and ask about your lost item.
   a. Find out what happened to your lost item.
   b. Find out whether or not the item was transferred when you changed planes.
   c. Find out if the item has been found, and ask when and how they are going to deliver it to your home.
2. You have just arrived at school and are new to the area. Use an indirect question marker in asking these questions.
   a. Where is the best 하숙집?
   b. Which restaurant is good and cheap in this area?
   c. Where is a nearby bank?
   d. What time does the bank open and close?
   e. Where is a nearby post office?
   f. Where is a bus stop to go downtown?
   g. Where is the nearest department store? What are its store hours? What day of the week is it closed?

Talking about periods of time

E. Interview three or four of your classmates. Find out the following information using ～(으)ㄴ지 [time span](이/가) 되다.

How long has it been since:
1. he/she came here?
2. he/she first met his/her best friend?
3. he/she began studying Korean/Japanese/Chinese/any other language?
4. he/she began playing his/her favorite sport?
5. he/she began playing a musical instrument (violin, flute, piano)?
6. he/she saw a really good movie?
7. he/she worked?
8. he/she visited Korea?

Changing from one action to another

F. Using ～다가, tell your classmate what happened:

1. on your way to school
2. on your way home
3. on your way (to go) out
4. on your way (to go) to the supermarket
5. in the middle of studying
6. in the middle of preparing dinner
7. while you were driving a car
8. while you were jogging
9. while you were on the phone
10. while you were cleaning your room
11. while you were doing the laundry

G. Make up dialogues as in the example. Use ~다가.

보기: 공부하다 (피곤해지다)

A: 공부하다가 피곤해지면 어떻게 해요?

B: 공부하다가 피곤해지면 밖에 나와서 쉬어요.

---

1. 운전하고 오다 (길이 막히다)

A: _____

B: _____

2. 밤에 늦게까지 공부하다 (배고파지다)

A: _____

B: _____

3. 운전하다 (졸리다)

A: _____

B: _____

4. 맛있게 먹다 (배가 아파지다)

A: _____

B: _____

5. 하숙집을 찾다 (못 찾다)

A: _____

B: _____

6. 샤워하다 (전화 소리를 듣다)

A: _____

B: _____

7. 지하철을 타고 가다 (사고가 생기다)

A: _____

B: _____

8. 버스를 기다리다 (버스가 안 오다)

    A: _____

    B: _____

9. 노트북을 사려고 하다 (마음에 안 들다)

    A: _____

    B: _____

10. 길을 걸어가다 (싸우는 것을 보다)

    A: _____

    B: _____

Listening Comprehension

A. Listen to the conversation between the owner of the boarding-house and a student, and then complete each of the following sentences by filling in the blanks.

1. The student learned that the rooms will be available after

    _____

2. There are _____ rooms available in the boarding-house; _____ of them are single rooms.

3. The student wants _____

4. The student decided to take _____

B. Listen to the conversation between Steve and Minji and then mark each sentence either true (T) or false (F).

1. _____ It didn't take much time for Steve to find this boarding room.

2. _____ Steve moved to his boarding room yesterday.

3. _____ The room Steve is going to live in is big, bright, and good.

4. _____ Steve is going to move this weekend.

5. _____ Steve accepted Minji's offer.

6. _____ Steve has a lot of luggages to move in.

C. Listen to the conversation between 소연 and Steve. Complete each sentence by filling in the blanks.

1. 소연 and Steve have met _____

2. It has been _____ since Steve came to Korea.

3. At first Steve found living in the boardinghouse (to be)

   _____

4. Steve now feels that he _____

   life in the boardinghouse.

5. The number of students boarding in this house _____

   _____, and three of them go to _____

   _____

Reading

A. Read the advertisement and answer the questions. (주택가
'residential district', 제공하다 'to offer', 전기료 'electric bill', 사계절 'four
seasons', 수도료 'water bill', 온수 'hot water')

하숙생을 구합니다

* 장소 : 한국 대학교 근처 조용한 주택가

　　　　전철역까지 걸어서 5분 거리

* 새로 지은 5층 건물

* 하숙비는 월 50만원 (전기료와 수도료 따로 받지 않습니다)

* 아침과 저녁을 제공합니다.

* 사계절 24시간 온수를 쓸 수 있습니다.

* 방마다 책상과 옷장이 있습니다.

* 담배를 안 피우시는 분을 환영합니다!!

* ☎ 365-3535

* 삐삐 015-356-2567

---

1. 이 광고는 무슨 광고입니까?

　────────────────

2. 이 하숙집은 어디에 있습니까?

　────────────────

3. 이 하숙집에서 살려면 한 달에 얼마를 내야 합니까?

　────────────────

4. 이 하숙집에서 점심을 먹을 수 있습니까?

　────────────────

5. 이 하숙집에서 담배를 피울 수 있습니까?

　────────────────

6. 이 하숙집에서 여름에도 뜨거운 물을 쓸 수 있습니까?

　────────────────

B. Read the following advertisement for housing and answer the questions. (월세 'monthly rent', 편의시설 'convenient facilities', 입주자 'tenant', 완비하다 'to be fully equipped', 보증금 'deposit', 입주하다 'to move in')

월세 입주자 구합니다!!

* 장소: 이화여자대학교 정문 근처
* 오피스텔 (9평형)
* 보증금 700만원에 월 60만원
* 각 방마다 편의시설을 완비하고 있습니다.
* 전철역에서 걸어서 10분 걸립니다.
* 연락하시면 금방 입주하실 수 있습니다.
* 연락처 ☎ 363-2727
     삐삐 017-366-8282

---

1. 이 오피스텔은 어디에 있습니까?

     _____

2. 이 오피스텔의 크기는 어떻게 됩니까?

     _____

3. 처음 이 오피스텔에 들어갈 때 얼마를 내야 합니까?

     _____

4. 편의시설은 어떤 것을 말합니까?

     _____

5. 이 오피스텔에 들어가려면 오래 기다려야 합니까?

     _____

C. Read the selection and answer the questions.

보통 대학 기숙사에는 지방에서 올라온 학생들만이 살 수 있는데, 요즘은 대학교 기숙사 방이 부족하기 때문에, 지방에서 올라온 학생들 중에도 기숙사에 있지 못하고 학교 근처 하숙집에서 살아야 되는 학생들이 점점 많아진다. 그래서 하숙집을 구하기가 아주 힘들다.

그러나 하숙집 주인이 학교 근처 여러 곳에 광고를 붙여 놓아서 하숙집을 찾는 학생들은 광고를 보고 쉽게 알아볼 수 있다. 학생들은 먼저 그 하숙집에 전화를 해서 집주인에게 하숙비는 얼마인지, 조용한지, 식사는 언제 주는지, 교통은 편리한지, 빨래는 해 주는지, 하숙하는 학생은 몇 명이나 되는지 등등을 물어본 후에 제일 마음에 드는 집을 고르면 된다. 대학교에도 하숙집을 소개해 주는 사무실이 있기 때문에 그곳에 전화하면 하숙집을 소개받을 수 있다.

나는 대학교 입학 전에는 하숙을 해 본 적이 없다. 서울에 올라와서 다른 하숙집에서 여섯 달 동안 살다가 이 하숙집으로 이사온 지 1년이 되었는데, 하숙집 주인이 친절하고 아침, 저녁 때 먹는 반찬도 집에서 어머니께서 만들어 주시던 음식 같이 입에 맞아서 다른 집으로 옮기고 싶지 않다. 또 이 하숙집에 사는 하숙생들이 많이 도와주기 때문에 대학을 졸업할 때까지 여기에서 살고 싶다.

1. 대학 기숙사에는 누가 삽니까?

   _____

2. 왜 하숙집 찾기가 어렵습니까?

   _____

3. 하숙집을 어떻게 쉽게 찾을 수 있습니까?

   _____

4. 하숙집에 전화를 걸어 어떤 것을 물어 봅니까?

   _____

5. 글쓴이는 이 하숙집을 왜 좋아합니까?

   _____

Writing

A. Fill in the blanks.

Dictionary form	Plain style (non-past)	Polite style (non-past)	Plain style (past)
이다			
이/가 아니다			
있다			
없다			
가다			
오다			
쓰다			
읽다			
먹다			
놀다			
살다			
알다			
모르다			
걷다			
듣다			
공부하다			
좋아하다			

(Continued on next page)

Dictionary form	Plain style (non-past)	Polite style (non-past)	Plain style (past)
일하다			
복잡하다			
피곤하다			
길다			
멀다			
빠르다			
다르다			
쉽다			
어렵다			
많다			
그렇다			
웃다			

B.   Select the word or words that best complete the sentence.

1. 이 방이 _____ 크네요.
   a. 깨   b. 꽤   c. 꾀   d. 께
2. A: 짐이 많으세요?
   B: 아뇨, _____ 없어요.
   a. 밖에   b. 조금   c. 별로   d. 상당히
3. 그동안 아파트에서 _____ 지난 주에 학교 근처
   하숙집으로 옮겼어요.
   a. 살다가   b. 사다가   c. 샀다가   d. 살았다가

4. 한국에서는 집안에 들어갈 때는 _____ 신발을 벗고
   들어가야 한다.
   a. 반듯이   b. 반드시   c. 어차피   d. 도리어

5. 한국에 _____지 얼마나 됐어요?
   a. 왔는   b. 오신   c. 오는   d. 올

6. 학교는 기숙사가 _____ 지방에서 온 학생들이 다
   들어가지 못합니다.
   a. 부족해서   b. 부족한데   c. 부족하지만   d. 부족해도

C. Complete the sentences with appropriate expressions in ~대요/
(이)래요.

1. A: 하숙비가 비싸요?
   B: 지금도 좀 비싼데, 하숙집 주인이 다음 달부터
      하숙비를 _____

2. A: 학교 근처 하숙집들이 어때요?
   B: 제가 아는 학생들이 하숙하는데 _____

3. A: 기차가 몇 시에 도착해요?
   B: 여덟 시 이십 분에 _____

4. A: 오늘 일기예보 들으셨어요?
   B: 네, 잠깐 들었는데요.
      오늘 오후부터 _____

5. A: 오늘 아침 뉴스 들으셨어요?
   B: 못 들었는데요. 뭐 재미있는 뉴스가 있었어요?
   A: 로스앤젤레스는 오늘 기온이 104도 _____

D. Complete the sentences with appropriate expressions.

1. 이 근처 은행이 어디 _____ 아세요?
2. 미국에서 온 학생이 어디 _____(살다) 물어 보세요.

3. 비행장에서 잃어 버린 가방을 _____(찾다) 알아
보세요.

4. 추석이 언제 _____ 아세요?

5. 내일이 무슨 날 _____ 아세요?

6. 성희한테 마크를 _____(알다) 물어 보세요.

7. 어제 부탁한 전화를 스티브한테 _____ 모르겠는데
요.

8. 조금 아까 여기 있던 한국어 사전이 어디 _____
찾아 보세요.

9. 어느 음식점이 이 학교 근처에서 _____ 아세요?

10. 전화로 컴퓨터가 얼마 _____ 알아봐 주세요.

E. Rewrite according to the example.

보기: A: 스티브 씨, 한국에 언제 오셨어요?

B: 5년 전에 왔어요.

→ 스티브 씨는 한국에 온 지 5년 됐어요.

---

1. A: 테니스를 잘 치시네요. 얼마 동안 배우셨어요?
B: 7년요.

→ _____

2. A: 스티브는 하숙집에서 오래 사셨어요?
B: 삼 년 동안 살았어요.

→ _____

3. A: 스티브 씨하고 성희 씨는 오래 사귀었어요?
B: 아뇨, 반 년 정도 사귀었어요.

→ _____

4. A: 마이클 씨, 그 소식을 언제 들었어요?
B: 일주일 전에요.

→ _____

5. A: 샌디 씨, 운동을 매일 하세요?

   B: 아뇨, 한달 전에 시작했어요.

   → _____

F. Write a brief paragraph about 하숙 생활 'life in a boardinghouse', 아파트 생활, or 기숙사 생활. Write what you like most about living in a boardinghouse and what you like least, and why. Use the plain style.

_____

_____

_____

_____

_____

_____

_____

_____

_____

_____

_____

_____

_____

_____

_____

_____

_____

_____

_____

_____

제6과 대중 교통 (Lesson 6: Public Transportation)

Grammar

G6.1 The intimate speech style ~어/아

A. Change the dialogues into the intimate style.

1. A: 여보세요.
   B: 스티브 씨, 저예요. 아까 집에 들렀었어요?
   A: _____
   B: _____

2. A: 스티브 씨, 마침 잘 만났네요.
      이따가 샌디 생일파티에 올래요?
   B: 저요? 네, 그런데 좀 늦을지도 모르겠어요.
   A: _____

      _____
   B: _____

3. A: 스티브 씨, 한국에 온 지 얼마나 됐어요?
   B: 1년밖에 안 됐어요.
   A: 아, 그래요? 그런데 한국말을 아주 잘 하시네요.
   B: 뭘요.
   A: _____
   B: _____
   A: _____
   B: _____

4. A: 샌디 씨, 어제 백화점에 가서 파티에 입을 옷 샀어요?

    B: 네, 마침 마음에 드는 것이 있어서 그냥 샀어요.

       좀 비쌌지만요.

    A: _____

    B: _____

       _____

5. A: 지난 주말 재미있게 지냈어요?

    B: 네, 오래간만에 동생이 와서 동생을 데리고 음악회에 갔었어요.

    A: 와, 좋았겠네요.

    A: _____

    B: _____

    A: _____

G6.2 Using the plain style in speech

B. Fill in the blanks with the proper plain form of the verb.

1. 어머니: 민지야, 아침은 매일 _____(먹다)?

    민지:　　보통 안 먹어요.

2. 스티브: 어제 한 일은 다 잘 _____(되다)?

    민지:　　응, 괜찮게 됐어.

    스티브: _____(다행).

3. 아들:　　친구가 멀리서 와서 잠깐 만나고 들어올게요.

    아버지: 너무 늦지 _____(말다).

4. 스티브: 민지야, 너 샌디라는 학생 _____(알다)?

    민지:　　모르겠는데 . . .

5. 스티브: 지금 바쁘지 않으면 같이 점심 먹으러

  _____(가다).

  민지: 그러지 않아도 먹으러 가려고 했는데 . . .

  스티브: 그럼 _____(잘 되다).

G6.3 Indirect quotation: ~다고 하다, ~느냐고/(으)냐고 하다,
~(으)라고 하다, ~자고 하다

C.   Translate into Korean. Use indirect discourse in ~고 하다.

1. He says he is a freshman in college.

  _____

2. He says he goes to the same school with his elder brother.

  _____

3. He says he went to school.

  _____

4. He says he will be at school this afternoon.

  _____

5. He is asking if you (he, she) go to the gym to exercise.

  _____

6. He is asking where Lincoln Center is.

  _____

7. He is asking who that person is.

  _____

8. He says, "Let's eat lunch." (He is saying that we should eat
   lunch.)

  _____

9. Mother says, "Eat breakfast." (Mother says to eat breakfast.)

  _____

10. Steve is asking what is in the classroom.

_____

11. He says, "Teach me Korean, please." (He is saying that he would like you to teach him Korean.)

_____

12. He says, "Come here by four o'clock, please." (He is saying that we should go there by four o'clock.)

_____

13. He says, "Show me that, please." (He is saying that you should show him that.)

_____

G6.4 ~다면서/라면서? (confirming information)

D. Rewrite the sentences as in the example.

보기: A: 스티브는 운동선수예요.
        → 스티브는 운동선수라면서요?
    B: 네, 야구선수예요.

1. A: 저 분이 한국어 선생님이세요.

       → _____?

  B: 네, 방금 인사드렸어요.

2. A: 스티브가 봄방학 때 친구하고 같이 내려와요.

       → _____?

  B: 어머니한테서 들었어요.

3. A: 사려고 했던 컴퓨터 샀어요.

   → _____?

   B: 네, 컴퓨터 없이는 아무것도 할 수 없잖아요.

         (There is nothing we can do without a computer.)

4. A: 경주에 갔다 왔어요.

   → _____?

   B: 재미있었겠네요.

5. 마이클: 서울에 다녀오셨어요.

   → _____?

   스티브: 네, 열흘 있다가 왔지요.

G6.5 ~(으)니까 (reason)

E. Combine the two sentences using ~(으)니까 and provide an
equivalent sentence in English.

보기: 서울 교통이 복잡해요. 그러니까 운전할 때 조심하세요.
   → 서울 교통이 복잡하니까 운전할 때 조심하세요.
      Because the traffic in Seoul is congested, please be careful
      when you drive.

---

1. 이따가 비가 온대요. 그러니까 우산을 가지고 가세요.

   → _____

      _____

2. 그 일을 아까 다 끝냈어요. 그러니까 다른 일을 더 주세요.

   → _____

      _____

3. 주말에 즐겁게 놀았어요. 그러니까 이번 주에는 공부를 해야지요.

→ _____

_____

4. 거기까지 직접 가는 버스가 없어요. 그러니까 지하철을 타시는 것이 좋겠습니다.

→ _____

_____

5. 제가 그 분을 잘 알아요. 그러니까 소개해 드리죠.

→ _____

_____

6. 오늘은 찬바람이 불고 아주 추워요. 그러니까 따뜻하게 입고 나 가세요.

→ _____

_____

G6.6 아무리 . . . ~어도/아도 'no matter how'

F. Combine the two sentences using 아무리 . . . ~어도/아도. (아무도 'nobody')

1. 저는 한국 사람 같이 한국어를 하고 싶어서 열심히 공부해요. 그래도 마찬가지예요.

_____

_____

2. 비행기 시간에 맞추려고 급히 달려왔어요. 그래도 아침 출근 시간이라서 늦었어요.

_____

_____

3. 시간이 없어요. 그래도 식사는 천천히 해야 해요.

4. 돈이 많아요. 그래도 일은 열심히 해야 해요.

5. 전화를 여러 번 했어요. 그래도 아무도 받지 않았어요.

Speaking

Asking for and giving directions

A. Working in pairs, create a dialogue in the intimate style from the information. Example:

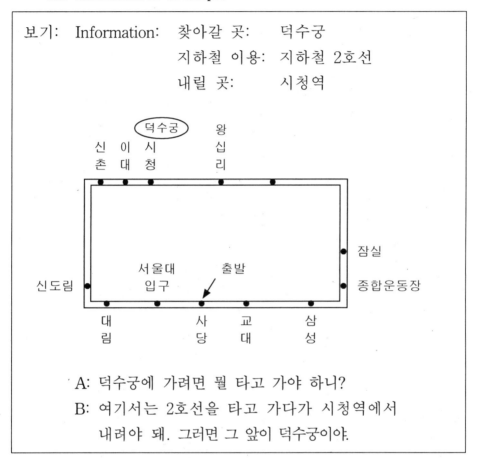

보기: Information: 찾아갈 곳: 덕수궁
지하철 이용: 지하철 2호선
내릴 곳: 시청역

덕수궁 왕
신 이 시 십
촌 대 청 리

잠실

서울대 출발
신도림 입구 종합운동장

대 사 교 삼
림 당 대 성

A: 덕수궁에 가려면 뭘 타고 가야 하니?
B: 여기서는 2호선을 타고 가다가 시청역에서 내려야 돼. 그러면 그 앞이 덕수궁이야.

1. Information: 찾아갈 곳: 중앙우체국
지하철 이용: 지하철 4호선
내릴 곳: 회현역

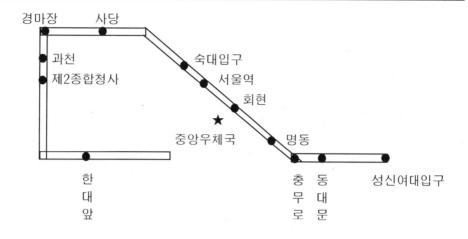

A: _____

B: _____

2. You are going to see a baseball game with your friend this evening. The baseball game will be held at the sports complex.
(종합운동장 'sports complex')

Information: 찾아갈 곳: 종합운동장
                      지하철 이용: 2호선
                      내릴 곳: 종합운동장역

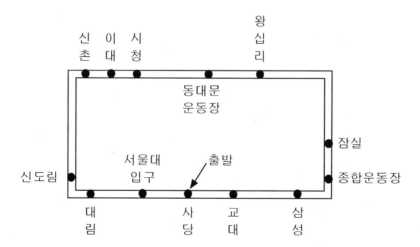

A: _____

B: _____

3. Complete the dialogue in the intimate style.

Information: 찾아갈 곳: 경복궁
                 지하철 이용: 3호선
                 내릴 곳: 경복궁역

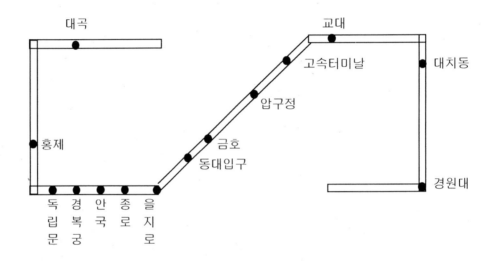

A: 내일 경복궁 구경 갈래요?
B: 경복궁요? 좋은 생각이네요. 여기서 멀지만요. 찾아가면 돼요.
A: _____
B: _____

4. You are going up to see Seoul Tower this weekend, but you don't know how to get there. Ask a friend.

Information: 찾아갈 곳: 서울타워
                 버스이용: 83번
                 내릴 곳: 서울타워입구

A: _____
B: _____

5. Steve and Minji have arrived at Seoul Tower. Create a dialogue from the information given. Remember to use the intimate style. (대인 'adult', 소인 'child', 입장요금 'admission (fee)', 종합 입장권 'full admission', 전망대 'lookout', 해양 수족관 'aquarium')

*케이블카
개장시간 09:30-21:00
요금
대인   850원
소인   450원

개장시간: 09:00-22:00

입장요금

구분	종합 입장권	전망대 입장권	해양 수족관
대인	4,500원	1,600원	2,500원
소인	3,000원	1,000원	1,700원

A: _____
B: _____
A: _____
B: _____
A: _____
B: _____

Commands in indirect quotation

B. Practice the following dialogue translating into Korean.

1. A: What did your mother tell you?
   B: My mother told me not to stay out too late.
2. A: What did your father tell you?
   B: My father told me not to drink while driving (or drive after having a drink).
3. A: What did your mother tell you?
   B: My mother told me not to skip meals.
4. A: What did your mother tell you?
   B: My mother told me to get up early.
5. A: What did your mother tell you?
   B: My mother told me to clean my room once a week.

Direct commands

C. Using ~어라/아라, tell a friend to:

1. come early, by eight o'clock
2. take Steve when you go to the language lab
3. go to class quickly because you are already late for class
4. find out when Steve is coming
5. find out the bus schedule to Kyŏngju
6. ask Steve if he will come to the party this evening

Reporting information

D. Using ~다/라고 그래요, tell your parents that:

1. 오빠 said that he is coming home for spring recess.
2. 언니 said that she is going to buy a computer tomorrow.
3. 형 said that he found a summer job and he is going to start next week.
4. 누나 said that she is going to visit her friend in Boston.
5. 아저씨 said that he is going to drop by here this afternoon.
6. 언니 said that she will be late tonight because she has to go to a meeting.

E. Using ~자고 그래요, tell your friend that:

1. Steve suggested that we go together.
2. I suggested that we have lunch today.
3. 언니 suggested that we go to see a movie this weekend.
4. I suggested that we meet in front of the library at three o'clock.
5. Sandy suggested that we go by subway when we go to the Sejong Cultural Center.
6. 오빠 suggested that we take Sandy's younger sister along, too.
7. I suggested that we stay in the dorm this evening.

Confirming information with ~다면서?/(이)라면서?

F. Translate the following dialogues into Korean.

1. A: I heard you're going to Hawaii during vacation. Is that true?

    B: Yes, I am going to stay there for two weeks.

2. A: My roommate told me that you called (me) this afternoon. Is there anything special?

    B: No, I just called (you) to see if you want to do something together this evening.

3. A: I heard that tomorrow is Steve's birthday. Is it true?

    B: Yes, you are coming to his birthday party, aren't you?

4. A: I heard that the regular bus fare is cheap. Is it true?

    B: Yes, but the bus is usually packed.

5. A: I heard that there is no direct flight from here to Kyŏngju. Is it true?

    B: Yes. You have to change at Pohang Airport and take a bus from there.

Giving reasons

G. Working with a partner, make up dialogues based on your experiences. Use ~(으)니까. Talk about the people listed.

1. a friend
2. your parents
3. your teacher
4. your younger brother/sister/junior
5. your boss

Offering help

H.   Create a dialogue that includes the elements listed. In each dialogue, one person is a foreigner, and the other person a Korean. The scenes all take place on the street.

    a. Start the conversation.

    b. The foreigner asks where he/she can purchase a subway ticket.

    c. The Korean suggests that he/she use a vending machine to buy tickets because there is a long line at the ticket booth.

    d. The foreigner is surprised to learn that there is such a machine available.

    e. The Korean offers to help and shows the foreigner how to use the machine.

    f. The foreigner thanks the Korean.

I.   Student A is a Korean language teacher, and student B wants to go to Korea to study. Student B has come to see his/her teacher to discuss the trip. Make up a dialogue that includes the elements in the list.

    a. Greetings

    b. Student B is applying to the Korea Foundation for a scholarship.

    c. Student B asks that the professor (student A) write a letter of recommendation.

    d. The deadline is July 15.

J.   Student A is a Korean student, and student B is a foreign student. The foreign student wants to learn about Seoul's public transportation, including driving conditions during rush hour, bus lines, subway lines, purchasing bus tickets, subway tickets, fares, and so on.

'97년말 시내버스 34.9%, 지하철 34.1%, 택시 8.2%, 승용차 13.4% 로 시내버스를 서울사람들이 제일 많이 이용했지만 '98년부터는 지하철을 가장 많이 이용하고 있다.

구분	1997	1998	1999	2000
시내버스	34.9	35.0	35.0	33.0
지하철	34.1	36.0	40.0	42.0
택시	8.2	7.6	6.8	5.6
승용차	13.4	12.9	10.0	10.0

K. Make up a long dialogue with your partner. Use the information about the Seoul subway in the table.

호선별	1호선	2 호 선		3호선	4호선	합계
		본선	지선			
구 간	서울역 ↔ 청량리	당산 ↔ 합정	성수 ↔ 신도림 / 신도림 ↔ 까치산	지축 ↔ 수서	당고개 ↔ 남태령	전구간
소요시간	15분	84분	8분 / 11분	62분	53분	233분
운행 시격 — 출퇴근 시간	3분	3분	7분 / 10분	3분	2.5분	2.5~3.0분
운행 시격 — 보통 시간	4분	6분	10분 / 10분	6분	5분	4.0~6.0분
수송인원 (하루평균)	52만 명	187만 명		69만 명	81만 명	389만 명

Listening Comprehension

A. Listen to the conversation between Steve and a woman, then fill in the blanks.

1. Steve wants to go to Taehangno by _____
2. Steve has to take _____ to get there.
3. This conversation takes place _____

B. Listen to the conversation and then mark each sentence true (T) or false (F).

1. _____ The conversation takes place in a bar.
2. _____ The conversation takes place at an airport.
3. _____ Steve has plenty of time to get to Seoul National University.
4. _____ The road to (go to) Seoul National University is under construction.
5. _____ Steve will be all right if he can get there by three o'clock.

C. Listen to the conversation between Steve and 동수, then fill in the blanks.

1. 동수 _____ when Steve called.
2. The reason Steve called 동수 is _____
3. 동수 will go _____
4. 동수 and Steve are going to meet _____
5. 동수 and Steve suggested seeing each other on

_____

D. Listen to the conversation between Sandy and Minji, then fill in the blanks.

1. Minji is going to _____ this weekend.
2. Minji is going to go _____
3. Minji thinks that she _____
4. Sandy's home is _____ from her school.
5. Minji suggested that _____
6. Sandy cannot _____

Reading

A. Read the selection and answer the questions. (광경 'scenery', 자리를 양보하다 'to offer one's seat')

우리 집에서 학교까지 가는 지하철이 없기 때문에 나는 버스로 학교에 간다. 아침 7시 반에 집에서 나오는데, 내가 버스 정류장에 가면 벌써 많은 사람들이 버스를 타려고 기다리고 있다. 그 중에는 회사원도 있고, 나와 같은 대학생도 있고, 중·고등학생도 있다. 이 시간은 출근시간이라서 버스가 아무리 빨리 달리려고 해도 길이 많이 막히기 때문에 학교까지 1시간쯤 걸린다. 그래도 다행히 버스를 갈아타지 않아서 좋다.

버스 토큰을 통에 넣고 나서, 아무리 빈자리를 찾아보아도 찾을 수가 없다. 어떤 때는 사람이 너무 많아서 몸을 움직일 수 없을 때도 있다. 그러나 가끔 아는 사람을 만나 이야기를 할 수 있어서 별로 힘들지 않다.

한국 버스 안에서는 아름다운 풍습을 볼 수 있는데, 하나는 앉아 있는 사람이 무거운 가방을 들고 있는 학생의 가방을 받아 주는 것이고, 또 하나는 나이 많은 분이 타셨을 때는 젊은 사람이 자리를 양보해 드리는 것이다.

1. 글쓴이는 왜 버스로 학교에 갑니까?

   _____

2. 버스 정류장에서 기다리는 사람들은 누구입니까?

   _____

3. 왜 학교까지 1시간쯤 걸립니까?

   _____

4. 글쓴이는 버스에서 앉을 수 있습니까? 왜요?

   _____

5. 버스 안에서 볼 수 있는 아름다운 풍습은 무엇입니까?

_____

B. Read the selection and answer the questions. (좌석 'seat', 안내 방송 'announcement', 개통하다 'to be opened to traffic', 어디든지 'wherever', 환승역 'transfer point')

서울의 대중 교통은 버스와 지하철이다. 버스는 일반 버스와, 좌석 버스가 있는데, 좌석 버스가 일반 버스보다 요금이 2배쯤 비싸다. 일반 버스를 탈 때에는 운전기사가 거스름돈을 주지 않기 때문에 미리 토큰이나 동전을 준비해야 한다. 버스 토큰은 버스 정류장마다 있는 가게에서 살 수 있는데, 그 모양과 크기는 뉴욕에서 쓰는 토큰과 비슷하다. 버스에서 내릴 때는 안내 방송을 잘 듣고 미리 벨을 눌러야 한다. 사람이 많을 때는 내리기 전에 버스 뒷문으로 가 서 있는 것이 버스에서 내리기가 좋다.

지하철은 1974년에 개통을 했는데 어디든지 쉽게 갈 수 있다. 지하철표는 자동 발매기로도 살 수 있고, 창구에서도 살 수 있다. 매일 지하철을 타는 사람은 5,000원짜리나 10,000원짜리 지하철표를 사서 쓰면 편리하다. 지하철은 빠르고, 깨끗하고, 넓다. 그리고 길이 막힐 때 지하철을 타면 약속 시간에 맞출 수 있어서 좋다. 지하철을 갈아타는 역을 환승역이라고 하는데 오고 가는 사람들이 아주 많다. 지하철에서는 안내 방송을 영어로도 하기 때문에 한국말을 모르는 외국인들도 잘 알아들을 수 있다.

1. 버스를 탈 때는 무엇을 준비해야 합니까?

_____

2. 버스에서 내릴 때는 어떻게 해야 합니까?

_____

3. 서울 지하철은 어떻습니까?

_____

4. 환승역이 무엇입니까?

_____

C. Read the selection and answer the questions. (용문산 'Mount Yongmoon', 상봉터미널 'Sangbong bus terminal', 시외버스 'cross-country bus', 시골 'countryside', 단풍이 들다 'to turn red (yellow)', 절 'Buddhist temple')

지난 주말에 친구가 같이 서울에서 버스로 2시간쯤 걸리는 용문산으로 등산을 가자고 했다. 한국에 와서 아직 등산을 해 본 적이 없었기 때문에 좋다고 했다. 친구는 어머니께 도시락을 준비해 달라고 했으니까 그냥 와도 좋다고 했다. 나는 미안해서 친구한테 마실 것은 내가 가지고 가겠다고 했다.

우리는 시청 근처에 있는 덕수궁 앞에서 만나서 시내버스를 타고 상봉터미널로 갔다. 그 산에 가려면 시외버스를 타야 했는데, 주말이라서 터미널은 등산복을 입은 사람들로 복잡했다. 용문산으로 직접 가는 버스는 하루에 4번밖에 없기 때문에 우리는 먼저 용문으로 가서 다시 그 곳에서 버스를 갈아타기로 했다. 버스로 가는 동안 나는 창밖으로 한국의 시골 경치와 산을 봤다. 가을 산은 단풍이 들어 아름다웠다. 친구도 이렇게 아름다운 경치는 처음이라고 했다.

우리는 12시쯤 용문산에 도착했다. 용문산에는 용문사라고 하는 유명한 절이 있다고 해서 그 곳으로 올라갔다. 3시간쯤 등산을 하고 다시 버스를 타고 서울로 돌아왔다. 서울로 돌아오는 길에 친구는 다음에는 고속버스를 타고 여행을 하자고 했다. 즐거운 하루였다.

1. 지난 주말에 친구가 뭐라고 했습니까?

_____

2. 상봉터미널은 어떻게 갔습니까?

_____

3. 상봉터미널은 왜 복잡했습니까?

_____

4. 왜 우리는 용문으로 가는 버스를 탔습니까?

_____

5. 서울로 돌아올 때 친구는 뭐라고 했습니까?

_____

Writing

A. Fill in the blanks.

Dictionary form	Polite form	Intimate style (non-past)	Intimate style (past)	~니 form
학생이다				
학생이 아니다				
시간이 있다				
시간이 없다				
좋다				
작다				
멀다				
바쁘다				
살다				
알다				
모르다				
쉬다				
어렵다				
쉽다				
돕다				
그렇다				

B. Complete the following sentences with one of the expressions in the list.

무슨 일이에요?
마찬가지예요.
거의
그러는데
뭘요.
제가 도와 드릴게요.
실례지만
좀 더 자세히 가르쳐 줄래?

1. A: 여기서 도봉산까지 바로 가는 버스 있어?
   B: 바로 가는 건 없고 중간에서 갈아 타야 돼.
   A: _____

2. A: _____, 말씀 좀 묻겠습니다.
      여기 지하철 타는 곳이 어디 있어요?
   B: 여기서 조금 내려가시다가 보시면 오른 쪽에 있습니다.

3. A: 이 자동 발매기는 처음 써 보는 것이라서 잘 모르겠어요.
   B: _____ 이리 오세요.
   A: 감사합니다.
   B: 여기에다 동전을 넣으세요.
   A: 아, 여기 표가 나왔네요. 감사합니다.
   B: _____

4. A: 시간이 급해서 _____ 좀 더 빠른 길로
      갈 수 없을까요?
   B: 도로공사 때문에 이리 가나 저리 가나 다

   _____

5. A: 그 일을 _____ 다 끝냈는데요.
   B: 와, 빨리 하셨네요.

6. A: 아까 나 없을 때 내 연구실에 들렀다면서?

   _____

   B: 응, 그냥 점심이나 같이 먹을까 했어.

C.   Complete the sentences with an appropriate expression.

모시고

데리고

가지고

같이

1. 저는 부모님을 _____ 뉴욕에서 삽니다.
2. 오늘은 제가 한국어 사전을 학교에 _____ 왔습니다.
3. 어제는 우리 개를 _____ 1시간 걸렸습니다.
4. 우리 집에 올 때 동생을 _____ 와요.
5. 오늘 저녁은 친구하고 _____ 저녁을 먹으려고 합니다.

D.   Complete the sentences with an appropriate expression.

거의

다행히

말대로

아무리

1. _____ 이 일을 내일까지 끝내려고 해도 좀 힘들 것 같습니다.
2. 밀린 숙제를 하느라 어젯밤에는 _____ 자지 못 했어요.
3. 나는 어제 세종문화회관 음악회관에 갔었는데 친구 _____ 지하철을 타고 가니 시간에 맞추어 갈 수 있었다.
4. 기차가 늦었는데 _____ 수업 시간에는 늦지 않았다.

E.   Combine each pair of sentences into one sentence, using a conjunction.

1. 밖에 눈이 많이 와요. 그러니까 운전할 때 조심하세요.

   _____

   _____

2. 경주는 비행기로 가면 갈아타야 해요. 그러니까 직접가는
   버스로 가세요.

   _____

   _____

3. 비행기 시간에 맞추어야 해요. 그러니까 빨리 가 주세요.

   _____

   _____

4. 저는 뉴욕에서 살아요. 그러니까 여러 박물관에도 갈 수 있고,
   음악회에도 갈 수 있어서 좋아요.

   _____

   _____

5. 운동 연습을 할 때 음악을 들으면서 해요. 그러니까 더 잘 되는
   것 같아요.

   _____

   _____

F. Fill in the blanks with an appropriate expression in ~어서/아서 or
~(으)니까.

1. 아침에 늦게 _____(일어나다) 학교에 늦었어요.
2. 거기는 버스가 자주 안 다녀요. 한참 _____
   (기다리다) 왔어요.
3. 밖에 날씨가 _____(춥다) 따뜻하게 입고 나가세요.
4. 지난 주에 비디오 게임을 _____(빌리다) 오늘까지는
   돌려 주세요.
5. 저는 이번 여름에 한국에 한국어를 배우러 _____
   (가다). 많이 늘 거예요.

G.   Translate into Korean.

1.   However busy you are, please eat slowly.

   _____

   _____

2.   No matter how many times I called Sandy, she didn't answer.

   _____

   _____

3.   However tired I may be, I have to study about three hours more (from now on).

   _____

   _____

4.   My friend suggested that we have lunch together.

   _____

   _____

5.   He said to close the window.

   _____

   _____

6.   Mother told me to take my umbrella.

   _____

   _____

7.   My sister says that she is coming this winter break.

   _____

   _____

8.   He says that in winter people dress warmly.

   _____

   _____

H.   Write a paragraph about your experiences with public transportation.

_____

_____

_____

_____

_____

_____

_____

_____

_____

_____

_____

_____

_____

_____

제7과 시장에서 (Lesson 7: At a Market)

Grammar

G7.1 Indefinite pronouns

A. Fill in the blanks with appropriate indefinite pronouns.

1. A: 어디 갔다 오세요?

   B: _____ 좀 잠깐 다녀오는 길이에요.

2. A: 아, _____ 많이 사셨네요.

   B: 네, 이것저것 좀 샀습니다.

3. A: 이번 주말에 골프치러 가실래요?

   B: 아, 네. 이번 주말은 좀 힘들고 _____ 한번 치러
   가지요.

4. A: 이렇게 추운 날에 웬일이세요? 오래간만이네요.

   B: _____ 좀 갈까 하고 나왔는데 . . .

5. A: 스티브, 지금 어디 갔다 오니?

   B: 응, 나. _____ 좀 만나고 오는 길이야.

G7.2 ~기는요?

B. Complete the dialogues according to the example.

보기: A: 한국말 참 잘 하시네요.

B: 잘 하기는요?

한국어가 늘지 않아서 걱정인데요.

　1.　A: 스티브 씨, 컴퓨터를 굉장히 빨리 치네요.

　　　B: _____?

　　　_____

　2.　A: 요즘은 골프 자주 치러 가요?

　　　B: _____?

　　　_____

　3.　A: 요즘도 매일 한국 음식 해 먹니?

　　　B: _____?

　　　_____

　4.　A: 선생님, 굉장히 바쁘시네요. 점심 식사는 하셨어요?

　　　B: _____?

　5.　A: 그 옷 아주 좋아 보이네요. 비싸게 사셨지요?

　　　B: _____?

　　　_____

G7.3 Passive verbs

C. Complete the sentences with an appropriate active or passive
form of the verb indicated. (도로 표지판 'road sign')

　1.　to open

　　　그 가게는 몇 시에 _____?

　　　그 가게는 늦게까지 _____ 있어서 아주 편리해요.

　2.　to sell

　　　그 가게에서 우산을 _____

　　　비 오는 날 우산이 잘 _____

　3.　to listen

　　　전화 소리를 못 _____?

　　　전화 소리가 안 _____

4. to place

   꽃을 어디에 _____ 까요?

   그 꽃이 책상 위에 _____ 있어요.

5. to see

   날씨가 흐린 날에는 도로 표지판을 잘

   _____야 돼요.

   날씨가 흐린 날에는 그 도로 표지판이 잘 _____

6. to close

   그 음식점을 몇 시에 _____?

   그 음식점이 요즘 _____ 있어요. 공사중이래요.

G7.4 ~어/아 있다 'in the state of being'

D. Complete the sentences with appropriate expressions using
~어/아 있다.

1. A: 김 선생님 오셨어요?

   B: 네, 벌써 _____

                                    to have arrived, to be here

2. A: 동수 왔니?

   B: 동수는 1시간 전부터 _____

                                        to have arrived, to be here

3. A: 동수 집에 있어요?

   B: 동수는 학교에 _____

                          he has gone to school; he is at school

4. A: 어머니, 스티브 일어났어요?

   B: 그럼, _____. 불러 줄까?

                     to be up

   A: 네.

5. A: 스티브는 지금 어디 있어요?

    B: 스티브는 의자에 _____

    Steve is seated in the chair

6. A: 받는 사람의 주소를 알려주세요.

    B: 받는 사람의 주소가 그 종이에 _____

    to be written

G7.5 ~는 데(에) 'in/for ~ing'

E. Use correct expressions with ~는 데(에) to complete the sentences.

1. A: _____(여행하다) 뭐가 제일 편리하지요?
    B: 비행기요.

2. A: 시장에 _____(가다) 자동차가 필요해요?
    B: 아뇨, 가까워서 걸어가요.

3. A: 일이 좀 많은 것 같은데 이 일을 다 _____
       (하다) 얼마나 걸릴까요?
    B: 열흘 쯤 걸릴 거예요.

4. A: 된장찌개 _____(만들다) 오래 걸려요?
    B: 아뇨, 15분 정도면 돼요.

5. A: 한국말을 _____(배우다) 사전이 필요해요?
    B: 그럼요. 사전은 꼭 있어야 해요.

G7.6 ~는/(으)ㄴ 편이다 'it is more the case of . . . than the other'

F. Complete the sentences using appropriate expressions with ~는/(으)ㄴ 편이다.

1. A: 이사하셨다면서요?

    B: 네, 지난 주에요.

    A: 이사하신 아파트는 어떻습니까?

    B: 아주 _____

2. A: 요즘 학생들은 어떻습니까?

    B: 그전 학생들보다 더 열심히 _____

3. A: 이 선생님은 어떠세요? 잘 가르치세요?

    B: 이 선생님은 아주 잘 _____

4. A: 한국말은 _____ 입니까 _____ 입니까?

    B: 좀 _____

5. A: 그 기숙사는 어때요?

    B: 깨끗하고 _____

G7.7 ~어/아 가지고 'having ~ed because/since'

G. Complete the dialogues with expressions containing ~어/아 가지고.

1. A: 왜 그렇게 많이 _____ 배가 아프다고 그러니?

    B: 시간이 지나면 괜찮겠지요.

2. A: 요즘도 매일 운동하러 가니?

    B: 요새는 일이 _____ 못 가.

3. A: 새 직장은 일하기가 어때요?

    B: 너무 일이 _____ 늦게야 집에 와요.

4. A: 선생님 댁이 어디세요?

    B: 우리 집은 학교에서 너무 _____ 통근하는
    데만 하루에 다섯 시간 반이나 걸려요.

Speaking

Indefinite referents

A. With your partner, practice the dialogues by filling in the
blanks with an indefinite pronoun.

> 보기: A: 왜 그렇게 바쁘세요.
>
> B: 요즘 <u>뭐</u> 좀 해 보느라고요.

1. A: 여보세요. 샌디집이죠?

   B: 네, 그런데요?

   A: 샌디 있어요?

   B: _____
      Someone came to see her and she went out somewhere.

2. A: 요즘도 그렇게 바쁘세요?

   _____ 한번 놀러 오세요.
        sometime

   B: 네, 그러죠.

3. A: 어디 갔다 오는 길이니?

   B: 시장에.

   A: 와, _____ 많이 샀네. 내가 좀 들어다 줄까?
           something

   B: 그럴래? 고마워.

4. A: 도서관에서 공부만 하니까 머리가 아파지지 않니?

   B: 응, 그래. 이럴 때는 _____ 좀 가서 푹 쉴
                              somewhere
   수 있으면 좋겠다.

   A: 그래, 나도 그렇게 생각해.

Challenging an assertion with ~기는요?

B. Several students went shopping at Namdaemun market. In a group, talk about the shopping they did. Compare price, quality, salesperson's attitude, and other details. Use ~기는요? as appropriate.

This is a map of 남대문시장.

Talking about the market in Korea

Model dialogue: A: 가게들이 여는 시간이 같아요?
B: 아뇨, 다 달라요.
A: 그럼 가게들이 <u>열려</u> 있는 시간이 다르겠네요?
B: 그럼요.

C. Look at the chart and the map and discuss as a group, the store hours, locations and other characteristics of various markets. Use passive verbs as needed.

상가명	전화번호	품목	개점시간	폐점시간
삼익종합상가	779-2639	숙녀복, 메리야스	06:00	19:00
남대문일번가	753-9083	숙녀복, 츄리닝	00:00	17:00
한영상가	754-5084	숙녀복, 블라우스, 티셔츠	03:00	17:00
마마 아동복	753-6762	아동복	00:00	16:00
론도캐주얼	752-1115	숙녀복	04:00	15:00

한국은행 →

← 서울역

남대문로

고려 인삼상가

남대문상가

대도상가 C동

대도상가 D동

대도상가 E동

마마 아동복

대도 아케이트

삼익 종합상가

한영상가

남대문 일번가

론도 캐주얼

퇴계로

D. Pretend you are shopping at the market. Make up dialogues with your partner. Use ~어/아 있다 as needed.

보기1: 성희: 거기 뭐라고 써 있니?

영미: 동대문 시장이라고 써 있어.

보기2: (집에 전화를 걸면서)

동수: 어머니, 저 지금 동대문 시장에 와 있는데
뭐 필요한 것 없으세요?
제가 사다가 드릴게요.

어머니: 그래. 그럼 싱싱한 과일이나 좀 사 가지고 와.

```
동대문          동대문역
종합시장

평화시장        신평화시장                   동평화        청평화
                                             시장          시장
                                  광희
              남평화              시장         아트
              시장      제일                  프라자
                      평화
                      시장                                글래머
                                                        2000

              홍인시장      운동장
                        평화시장
```

동대문운동장역

Making your favorite dish

E.   Find out what your partner needs in order to make his/her favorite dish for the party. You are going to make a couple of different dishes for the party. Use ~는 데에 as appropriate.

1. Go to 동대문시장.
2. Get the ingredients you need.

Describing

F.   누구를 닮은 편이에요? 어떻게 닮았어요? (머리 'intellect')

1. 성격
2. 얼굴
3. 머리
4. 키
5. 입맛

Listening Comprehension

A. Listen to the conversation between 성희 and a saleswoman, then mark each sentence true (T) or false (F).

1. _____ 성희 went shopping to buy a blouse.
2. _____ 성희 found a pretty blouse and decided to buy it.
3. _____ 성희 bought some other things as well.
4. _____ The saleswoman lowered the price for 성희.

B. Listen to the conversation between Yujin and Soyeon, then mark each sentence true (T) or (F).

1. _____ Yujin has been to 남대문 시장.
2. _____ Soyeon has been to 남대문 시장.
3. _____ Yujin thinks that it is easy to shop at the market.
4. _____ Yujin and Soyeon have decided to meet this Saturday morning.
5. _____ Yujin needs to buy a pair of shoes.

C. Listen to the conversation between Yujin and Minji, then fill in the blanks.

1. Yujin suggested Minji _____

   _____

2. Yujin heard that _____

   _____

3. At the market it is difficult to walk because _____

   _____

4. Yujin also heard that _____
   _____ when people buy
   vegetables.
5. Minji thinks that it is _____
   _____ to do shopping at the market.

D. Yujin is going to report about 동대문 시장 to his class. Listen
to his report and fill in the blanks.

오늘은 제가 지난 주말에 동대문 시장에 _____ 이야기를
해 드리겠습니다. 동대문 시장은 _____ 버스나 지하철을
타고 가면 되는데, 모든 가게들이 한 곳에 _____ 있어서
물건 _____ 아주 편합니다. 시장은 백화점과 달라서
사람은 굉장히 많지만, 물건이 싸고 좋아서 _____.
시장을 다 구경하려면 하루는 _____. 물건을 좀 더
주기도 하고 싸게 해 주기도 합니다. 상표가 _____
물건은 더 쌉니다. 물건 파는 사람들이 자기 물건들을
_____ 큰 소리로 '골라, 골라' 하면서 팝니다. 저는
시장에서 _____ 여러 가지를 배웠습니다.

Reading

A. Read the selection and answer the questions. (상점 'shop', 훨씬 'by far', 손뼉을 치다 'to clap [hands]', 무조건 'unconditionally', 외치다 'to shout', 골라, 골라 [lit. Choose one! Choose one!])

나는 지난 토요일에 블라우스와 티셔츠를 사러 남대문 시장에 갔다. 서울에는 시장이 많이 있는데 그 중에서도 남대문 시장이 제일 크고, 특히 옷이 좋다고 한다. 남대문 시장은 버스로 갈 수도 있고, 지하철로 갈 수도 있어서 편리하다. 남대문 시장에 있는 상점들은 작은 편이지만, 여러 가지 물건을 팔기 때문에 사려고 하는 물건을 쉽게 찾을 수 있다. 그래서 남대문 시장은 사람이 많고 복잡하다.

나는 먼저 옷가게에 갔다. 여성용 옷을 파는 가게는 큰 건물 안에 있다. 그 건물은 지하철역에서 걸어서 5분 정도 걸리는 곳에 있다. 나는 여러 옷가게를 돌아본 후에 어느 가게에서 옷을 골랐는데, 옷을 파는 아주머니가 내가 고른 옷이 요즘 잘 팔린다고 했다. 나도 색하고 디자인이 마음에 들었다. 값도 백화점보다 훨씬 쌌다. 그 아주머니는 옷을 싸 주면서 다음에 또 오라고 했다.

나는 옷가게에서 나와 그 건물 옆에 있는 슈퍼마켓에 가서 반찬거리와 과일을 샀다. 과일이 아주 싱싱했다. 남대문 시장에서 이것저것을 많이 구경했지만, 어떤 아저씨가 손뼉을 치면서 "골라, 골라, 양말 5켤레에 무조건 천원"하고 외치는 소리가 참 재미있었다.

1. 글쓴이는 왜 남대문 시장에 갔습니까?

_____

2. 왜 남대문 시장에는 사람이 많습니까?

_____

3. 옷가게 아주머니는 글쓴이에게 뭐라고 했습니까?

_____

4. 슈퍼마켓에서 무엇을 샀습니까?

_____

5. 남대문 시장에서 무엇이 재미있었습니까?

_____

B. Read the selection and answer the questions. (상가 'shopping area', 기억하다 'to remember')

　나는 한국에 처음 온 미국 학생을 데리고 동대문 시장에 갔다. 동대문 시장은 장보는 사람이 많고 복잡해서 걸어다니기가 아주 힘들었다. 미국 학생은 이렇게 큰 시장을 본 적이 없다고 하면서 동대문 시장을 다 구경하려면 얼마나 걸리느냐고 했다. 나는 동대문 시장은 꽤 큰 편이라서 하루는 걸릴 것이라고 했다.
　동대문 시장은 백화점에 비해서 값도 싸고 살 수 없는 물건이 거의 없다. 동대문 시장에 있는 많은 가게들은 대부분 붙어 있다. 또 같은 물건을 파는 가게들이 한 곳에 모여 있어서 옷을 사려면 옷가게가 붙어 있는 곳으로 가면 되고, 생선을 사려면 생선 가게가 붙어 있는 곳으로 가면 된다. 동대문 시장에서 물건값을 깎아 주기도 하고, 물건을 더 달라고 하면 좀 더 주기도 하는 것을 보고 미국 학생은 아주 재미있어했다. 미국 학생은 시장을 구경하면서 이런 곳을 볼 수 있어서 아주 다행이라고 했다. 그리고 하루에 다 보기는 너무 힘드니까 다음 주에 또 오자고 했다.
　그런데 동대문 시장은 시장 입구가 차로 막히기 때문에 차를 안 가지고 가는 것이 좋다. 또 동대문 시장의 모든 상가는 매주 토요일 밤부터 일요일 아침까지 문을 닫는다는 것을 잘 기억해야 한다.

1. 글쓴이는 누구와 같이 동대문 시장에 갔습니까?

_____

2. 같이 간 사람은 동대문 시장을 보면서 뭐라고 했습니까?

_____

_____

_____

3. 미국 학생은 무엇을 보고 재미있어했습니까?

_____

4. 남대문 시장은 언제 열지 않습니까?

_____

C. Read the selection and answer the questions. (위한 'for', 포장마차 'street vendor, roadside stall')

우리는 시장에 가면 여러 가지 소리를 들을 수 있다. 물건을 파는 사람들의 목소리, 물건을 사는 사람들의 목소리, "따르릉 따르릉" 하면서 배달을 하러 가는 자전거 소리, 좁은 시장 길에 차를 세우려고 "빵빵" 하는 자동차 소리 등등 많은 소리를 듣는다. 이 모든 소리를 모으면 아마 오케스트라를 위한 좋은 음악을 만들 수 있을 것이다.

시장 사이에 있는 길에는 포장마차가 있는데 거기서 아주머니가 야채를 숭숭 썰어 넣어 끓여서 파는 찌개는 정말로 맛이 있다. 여학생들이 "호호" 웃으면서 맛있게 음식을 먹는다. 음식값은 싼데 맛이 좋다. 어떤 아주머니는 가게도 없이 시장 길 가운데에서 시금치, 상추, 파 같은 것을 판다. 그 아주머니는 밥도 식당에서 먹지 않고 시장 속에서 시켜서 먹는다.

한국에 처음 온 사람들은 이런 시장에서 한국적인 것을 볼 수 있다. 한국을 방문하는 사람에게는 한국 시장을 한번 찾아가서 구경하는 것이 한국을 이해하는 데 퍽 도움이 될 것이다.

1. "따르릉 따르릉"은 무슨 소리입니까?

   _____

2. "빵빵"은 무슨 소리입니까?

   _____

3. 포장마차의 음식은 어떻습니까?

   _____

4. 시장 길 가운데에서 아주머니는 무엇을 팝니까?

   _____

5. 한국을 이해하는 데에 좋은 방법 중 하나가 무엇입니까?

   _____

Writing

A. Fill in the blanks.

Dictionary form	Active polite form	Passive form	Passive polite form
보다			
쓰다			
닫다			
막다			
잡다			
열다			
듣다			
팔다			
안다			

B. Change the following sentences into the passive.

1. 문을 엽니다.

   _____

2. 전화 번호를 바꾸었습니다.

   _____

3. 음악 소리를 듣습니다.

   _____

4. 기차표를 팝니다.

   _____

5. 아기를 안았습니다.

   _____

6. 문을 닫았습니다.

_____

7. 엠파이어 스테이트 빌딩을 봅니다.

_____

C. Read the following dialogues and fill in the blanks with an appropriate expression.

웬일이니?
그랬어?
그러죠.
비싸기는요.

1. A: 이거 얼마예요?
    B: 사만 원이에요.
    A: 사만 원이나 해요? 너무 비싸요.
    B: _____

2. A: 방학 동안 뭐 했니?
    B: 집에 갔다 왔어.
    A: _____

3. A: 이 빨간 사과 한 상자 사세요.
        싸게 오천 원에 드릴게요.
    B: _____

4. A: 성희야, 여기 _____
    B: 응, 나 뭐 좀 사러 왔어.

D. Make short sentences using ~어/아 있다.

1. 앉다

_____

2. 서다

_____

3. 과일이 나오다

_____

4. 열다

_____

5. 닫다

_____

6. 쓰다

_____

E. Complete the sentences with appropriate forms of the verbs in parentheses.

1. A: 감자나 호박은 언제 쓰세요.
   B: 된장찌개를 _____(끓이다) 써요.
2. A: 그 자동차는 하루 _____(빌리다) 얼마예요?
   B: 하루에 사만 원이에요.
3. A: 그 가방이 아주 좋아 보이네요.
   B: 네, 가벼워서 _____(여행하다) 편리해요.
4. A: 선생님, 한국말 _____(공부하다) 한영사전이
   필요하지요?
   B: 네, 필요해요.

F. Make short sentences using ~어/아 가지고. Translate them into English on the next line.

1. _____(바쁘다) 요즘은 통 잘 시간이 없어요.

   _____

2. _____(시간이 없다) 운동하러 못 가요.

3. 텔레비전을 _____(너무 보다) 눈이 아프고
   머리가 아파요.

4. 지난주에 아파서 수업에 _____(못 가다) 공부가
   많이 밀렸어요.

G. Write a paragraph about your shopping experience at a
   market, a department store, or the like.

_____

_____

_____

_____

_____

_____

_____

_____

_____

_____

_____

_____

_____

_____

_____

_____

_____

_____

_____